ADAC Reiseführer

Italienische Riviera

e • Feste • Museen
s • Restaurants

zu den Highlights

von Peter Peter

Intro

Unterwegs

Leserforum

Die Meinung unserer Leserinnen und Leser ist wichtig, daher freuen wir uns von Ihnen zu hören. Wenn Ihnen dieser Reiseführer gefällt, wenn Sie Hinweise zu den Inhalten haben – Ergänzungs- und Verbesserungsvorschläge, Tipps und Korrekturen –, dann kontaktieren Sie uns bitte:

Redaktion ADAC Reiseführer
Travel House Media GmbH
Grillparzerstr. 12, 81675 München
adac.reisefuehrer@travel-house-media.de

Italienische Riviera Kaleidoskop

Italienische Riviera – die schönsten Wanderungen

Karten und Pläne

☐ Service

Italienische Riviera multimedial erleben

Mit Ihrem Smartphone, Tablet-PC oder Computer können Sie viele Sehenswürdigkeiten der Italienischen Riviera nun auch in bewegten Bildern erleben.

1

Im Buch finden Sie bei ausgewählten Sehenswürdigkeiten QR Codes sowie Internet-Adressen.

▶ **Reise-Video: Italienische Riviera**
QR-Code scannen [s. S. 5]
oder dem Link folgen:
www.adac.de/rfo261

2

Öffnen Sie den QR Code-Scanner auf Ihrem Handy und scannen Sie den Code. Gut geeignet sind Apps wie barcoo oder Scanlife.

3

Die meisten Apps schlagen Ihnen nun ein Programm zum Öffnen von Film oder Audio-Feature vor. Das iPhone startet sie automatisch. Am flüssigsten laufen die Filme bei einer WLAN- oder 3G-Verbindung.

4

Sollten Sie kein Smartphone besitzen, dann nutzen Sie bitte die neben dem QR Code stehende Internet-Adresse.

Bitte beachten Sie, dass beim Aufruf der Filme und Audio-Features über das Handy Kosten bei Ihrem Mobilfunkanbieter entstehen können. Im Ausland fallen Roaming-Gebühren an.

Italienische Riviera Impressionen

Ewiger Frühling – Blumenküsten mit Tradition

»Und dann ligurische Berge und die Riviera, die mit Orangen und immergrüner Myrte fast in ewigem Frühling weilt.« Ludovico Ariosto (1474–1533)

Die Italienische Riviera – einst Küstenhinterland der mächtigen Seerepublik Genua, heute die Region **Ligurien** – gehört noch immer zu jenen magischen Landschaften, deren bloßer Name Sehnsüchte weckt und Bilder irdischen Glücks vorgaukelt: Palmen und Promenaden, bunte Boote vor ochsenblutroten Fischerhäusern, Grand Hotels in exotischen blumenreichen Parks oder Dolcefarniente, die italienische Variante des süßen Nichtstuns, auf bunten Liegestühlen am Strand. Seit um 1860 die ersten Engländer im milden Winter von **Bordighera** den ewigen Frühling suchten, bald von Roulette spielenden Russen in **San Remo** und illustren Gästen wie dem deutschen Kaiser Friedrich III. gefolgt, hat sich dieses Image eher noch verfestigt. Nicht zu Unrecht. Denn der **Tourismus** hat die ligurische Küste, die einst von harter Fischerarbeit und Piratenfurcht geprägt war, gründlich verwandelt und stellenweise tatsächlich zu einem irdischen Garten Eden gemacht. Aus den Weinbergen der westlichen **Ponente** entstanden *Blumenterrassen*, in schwindelerregende Steilküsten wurden zypressenbeschirmte *Nobelvillen* eingefügt, *Kurhotels* etablierten sich am Meer. Die neben der Côte d'Azur älteste, die klassische europäische **Tourismuslandschaft** entstand. Dank ihres südlichen Flairs erweist sie sich auch heute noch – trotz chronischer Verkehrsstaus und massentouristischer Bauspekulation – als partiell unzerstörbare Idylle.

Mare e Monti – Ligurische Steilküsten

Geographisch teilt **Genua** den halbmondförmigen Küstenstreifen am Ligurischen Meer in zwei annähernd gleichlange Abschnitte: Im Westen, von der französischen Grenze bis Genua, die **Riviera di Ponente** (Küste der untergehenden

Sonne), von Genua bis zur toskanischen Versilia die **Riviera di Levante** (Küste der aufgehenden Sonne). Wie Perlen reihen sich hier vornehme Badeorte, Festungen und Fischerstädtchen mit romantischen Altstadtgassen (*Carrugi*) aneinander. Dazwischen liegen von Wachtürmen bekrönte Kaps, die für den Straßenbau seit der antiken *Via Aurelia* eine Herausforderung dargestellt haben.

Doch zur ligurischen Riviera gehört mehr als nur das Meer. Das bergige und felsige Rückgrat der Region bilden lang gestreckte, bis zu 2200 m hohe *Küstengebirge*. Das Kalksteinmassiv der **Seealpen** erstreckt sich von der Côte d'Azur bis ins Hinterland von Savona. Dort beginnt mit dem **Ligurischen Apennin**, an dessen Hängen noch heute bedeutende Schiefervorkommen abgebaut werden, der längste Gebirgszug Italiens. Diese waldige und abgeschiedene *Entroterra* bildet geographisch, kulinarisch und kulturell einen reizvollen Kontrast zur mondänen Küste. Hier lässt sich Ligurien auf dem gut

Ganz oben: *Prominenter Roulette-Tempel – San Remo lockt mit mondänem Glanz und den Verheißungen des Glücksspiels*
Oben: *Seefahrtstradition – Albengas Museo Navale Romano inszeniert Meeresarchäologie*
Unten: *Ligurisches Farbenspiel – der pittoreske Fischerort Portofino bezaubert mit bunten Fassaden, viel Grün und türkisblauem Meer*

markierten Fernwanderweg *Via Alta* durchstreifen, lassen sich Naturschutzparks und knorrige Bergdörfer erkunden. Die spektakulärsten Wanderungen Liguriens bieten freilich eines der großen Reiseziele Italiens, die praktisch autofreien **Cinque Terre**. Wer zwischen Himmel und Meer entlang der Weinbergterrassen mehr schwebt als geht, wird bald begreifen, was die Steilküste für Ligurien schon immer bedeutete: Die schöne Naturkulisse bot Schutz und forderte von ihren Bewohnern Knochenarbeit.

Seefahrer, Piraten, Patrioten – in Jeans!

Die eigentliche Dimension, die wahre Potenz Liguriens war und ist das Meer. Die **Seefahrt**, heute von ungezählten weißen Jachten zwischen Portofino und dem Marinehafen La Spezia zelebriert, war schon eine Domäne der antiken Ligurer. Heute ist sie für viele Freizeitbeschäftigung im Windschatten **Genuas**, des größten Handels- und Passagierhafens Italiens, der allein 40 000 Arbeitskräfte beschäftigt. Jahrtausende nautischen Trainings, einst in Scharmützeln mit maurischen Piraten erprobt, schlagen hier zu Buche. Eine Seefahrerrepublik, die im Mittelalter Weltpolitik betrieb, zeitweise Konstantinopel und den Zugang zur Seidenstraße beherrschte und vor der Haustür Korsika kolonisierte. Genua, *La Superba*, die Stolze, aber vor allem die Reiche: Genuesen wurden unter Admiral **Andrea Doria** im 16. Jh. zu Bankiers der spanischen Majestäten und somit der Eroberung und Aus-

beutung Amerikas. Eine Investition, die sich schnell amortisierte. *El Dorado* – das Gold des Neuen Kontinents floss zu einem großen Teil in Genueser Schatullen. Selbstredend, dass ihn ein Ligurer entdeckt hat: **Christoph Kolumbus**, prominentester in einer langen Reihe kühner ligurischer Kapitäne, Seefahrer und Emigranten – viele wanderten im 19. Jh. nach Amerika aus. Aus ihren blau gefärbten genuesischen Drillichhosen, den *Zeneixi*, wurden – die uramerikanischen Jeans! Ligurische Emigranten waren es auch, die die entscheidenden Impulse der italienischen Einigung im 19. Jh. gaben: **Giuseppe Garibaldi**, der ›Held der zwei Welten‹ und Eroberer Süditaliens, und der ›Volkstribun‹ **Giuseppe Mazzini**, glühender Republikaner und Chefideologe des *Risorgimento*. Ligurien ist, obwohl mit 5418 km^2 Fläche eher klein, eine Schlüsselregion Italiens, der das Meer und die Seefahrt immer wieder Zukunftsperspektiven gegeben haben.

Links oben: *Piraten in Sicht – das Filmschiff Neptune für Roman Polanskis Kinoerfolg ist Blickfang in Genuas Porto Antico*
Rechts oben: *Sportsgeist auf Touren – die bergige Küstenlandschaft von Finale Ligure ist Revier für Mountainbiker‹ und Wanderer*
Rechts unten: *Flaneure unter sich – die Altstadtgassen von Finale Ligure bezaubern mit romantischem Flair*
Unten: *Am Küstenabschnitt zwischen Varazze und Celle Ligure in der Provinz Savona zeigt sich die ganze Pracht des Mittelmeers*

Ligurien im Wandel

Die Urlaubsdestination Ligurien hat seit den Anfängen des Tourismus nichts von ihrer Faszination verloren. Abgesehen von der deutschen Reisewelle der 1960er-Jahre zeichnet sich Ligurien seit seiner Entdeckung als Reiseziel Ende des 19. Jh. durch seine Internationalität aus. Noch heutzutage mischen sich beim abendlichen Spaziergang auf den Uferpromenaden von **Rapallo** oder **San Remo** Mailänder und Turiner auf Wochenendvisite, die hier eine Zweitwohnung unterhalten, mit Feriengästen aus allen Teilen Europas. Strandleben, Badespaß und Wassersport stehen ganz oben auf der Favoritenliste der Besucher. In den Jachthäfen von **Portofino** oder **Lerici** ankern Segelboote und Motorjachten auf sommerlicher Grand Tour durchs Mittelmeer. Aber auch Wanderungen, Mountainbike-Touren und Ausflüge zu den uralten Bergstädtchen des Hinterlandes stehen heutzutage hoch im Kurs. Unvergessliche Eindrücke sammeln Reisende auch bei der Begegnung mit der bäuerlichen Arbeitswelt, die sich vor allem um Anbau und Ernte von Oliven dreht. Laut Gastropapst Luigi Veronelli wird in Ligurien das edelste **Olivenöl** Italiens produziert. Und wer einmal, herzlich aufgenommen in einer Familientrattoria in den Bergen, Kaninchenbraten in Kräutern und schwarzen Oliven genossen und dazu einen *Nostralino* (Wein aus eigenem Anbau) verkostet hat, wird einen solchen Abstecher in das ländliche Ligurien gern wiederholen. Mit dieser Art des Tourismus gewinnt auch das seit Langem von Abwanderung gezeichnete Hinterland (nur noch 10 % der ca. 1,6 Mio. Ligurer leben dort) wieder neue wirtschaftliche Perspektiven.

Am deutlichsten wird die Aufbruchstimmung des 21. Jh. in **Genua**. Einst war die Metropole das führende Industriezentrum der Region, doch die wirt-

Oben: *Entdecker gefragt – ursprüngliche Bergdörfer wie Pigna warten im Hinterland von San Remo, Ikonen des Kirchenbaus feiert Taggia mit dem Kloster San Domenico, ein Füllhorn regionaler Spezialitäten offenbart die Piazza Mazzini in Chiavari*
Rechts oben: *Panorama mit Genuss – die malerischen Bergdörfer der Cinque Terre laden zu Tafelfreuden mit Bilderbuchblicken*
Rechts: *Moderne Akzente setzt die superbe Hafenstadt Genua mit dem von Renzo Piano gestalteten Porto Antico*

schaftliche Flaute der 1970/80er-Jahre ließ die Stadtentwicklung stagnieren. Erst mit den Celebrazioni Colombiane, den Feiern zur 500-jährigen Entdeckung Amerikas im Jahr 1992, sammelte die *Superba* neue Kräfte. Die Restaurierung der Altstadt, die Eröffnung neuer Museen, die Modernisierung und Verschönerung des Hafens erhielten damals und erneut mit der Ernennung zur Kulturhauptstadt 2004 bedeutende Impulse. Der einheimische Stararchitekt *Renzo Piano* verlieh dem **Porto Antico** mit flotten Design-Attraktionen und dem spektakulären Acquario di Genova den Rang eines modernen Wahrzeichens. Zugleich wurde das **Centro Storico**, das größte altstädtische Bauensemble Europas, einer Schönheitskur unterzogen. Heute gibt es hier eine einzigartige Architektur- und Kunstlandschaft zu entdecken, deren optischer Höhepunkt die frühbarocke Palastmeile der Via Garibaldi darstellt. Darüber hinaus präsentieren erlesene Galerien Werke der großen ligurischen Malschule des 17. Jh. Kurzum – wer Urlaub an der Italienischen Riviera macht, wird die Erkundung der faszinierenden, vitalen Metropole als Bereicherung erleben, zumal dies auch als Tagesausflug von einem der pittoresken Badeorte aus geschehen kann.

Reise-Video: Italienische Riviera
QR-Code scannen [s. S. 5] oder dem Link folgen:
www.adac.de/rf0261

Geschichte, Kunst, Kultur im Überblick

Kapitäne, Entdecker, Kaufleute: Liguriens Perspektive ist das Meer

um 250 000 v. Chr. Altsteinzeitliche Funde in den *Balzi Rossi* bei Ventimiglia (der älteste Menschenknochen Italiens!) belegen die frühe Besiedlung des Küstenstrichs.

um 40 000–15 000 v. Chr. Sog. Cro-Magnon-Menschen (›Giganten‹) aus Afrika leben in Ligurien.

um 10 000 v. Chr. Jäger auf der Fährte von Höhlenbären hinterlassen Spuren in den Grotten von Toirano.

um 2800–1000 v. Chr. Die kupfer- und bronzezeitlichen Lunigiana-Stelen repräsentieren die höchste Entwicklungsstufe der lokalen Megalithkultur.

Frühes Menschenbild: Lunigianastelen im Castello del Piagnaro

ab 1300 v. Chr. Der ursprüngliche Siedlungsraum der Ligurer reicht im Westen bis an die Rhône und im Osten bis in die Toskana. Durch das Vordringen von Etruskern in die Toskana (8. Jh. v. Chr.), Kelten von der Poebene (6. Jh. v. Chr.) und Griechen aus der Kolonie Marseille (6. Jh. v. Chr.) werden die Ligurer in den unwirtlichen Berg- und Küstenstreifen, das heutige Ligurien, abgedrängt. Hier nehmen sie keltische Kultureinflüsse auf, legen Fluchtburgen (*Castellari*) an und erlernen die Seefahrt (Seeligurer). Die wichtigsten Stämme sind die Intemelii, Sabates und Ingauni (sog. Alpenligurer).

241 v. Chr. Der Zensor Aurelius Cotta beginnt mit dem Bau der Via Aurelia, der Küstenstraße von Rom nach Cartagena in Spanien, der Ausbau zieht sich bis in die Zeit Caesars hin.

218 v. Chr. Die Ligurer verbünden sich mit dem karthagischen Feldherrn Hannibal gegen die Römer.

205 v. Chr. Hannibals Bruder Mago zerstört Genua.

185–181 v. Chr. Seeligurien wird von den Römern endgültig unterworfen und Teil der Provinz Gallia Cisalpina. Die Ligurer gelten bei den römischen Schriftstellern als verschlagene, zähe und abgehärtete Milch- und Biertrinker.

180 v. Chr. Der Widerstand wird durch Umsiedlung von 40 000 Ligurern ins süditalienische Samnium gebrochen. Ventimiglia (Albium Intemelium), Sestri Levante (Segesta Tigulliorum), Albenga (Albium Ingaunum) und Luni werden die wichtigsten Städte und Wegstationen.

89 v. Chr. Die meisten ligurischen Städte erhalten römisches Bürgerrecht.

193 n. Chr. Der Ligurer Pertinax ist für 87 Tage Römischer Kaiser, doch wegen seiner Sparmaßnahmen wird er von der Prätorianergarde erschlagen.

4. Jh. Genua entwickelt sich zum Seehafen der weströmischen Hauptstadt Mailand.

5. Jh. Die Westgoten plündern Ligurien. Es wird später byzantinische Provinz und Luni entwickelt sich zu einem der wichtigsten italienischen Bistümer.

641–643 Der Langobardenkönig Rothari erobert Genua und Ligurien.

773–774 Karl der Große nimmt mit der Lombardei auch Ligurien ein, das eine karolingische Markgrafschaft wird.

860 Luni wird von Sarazenen geplündert.

935 Genua wird durch die Sarazenen geplündert, die im Maurengebirge hinter St. Tropez einige feste Stützpunkte besitzen.

958 Berengar II., König von Italien, erkennt die Autonomie Genuas an.

1016 Im Bund mit Pisa wird die sarazenische Flotte vor Sardinien entscheidend geschlagen.

1096 Mehrere ligurische Städte nehmen am 1. Kreuzzug teil.

1120 Genua wird Erzbistum, Papst Calixtus II. spricht Korsika den Genuesen zu.

1146–48 Genua erobert Almería und Tortosa in Spanien.

1243–54 Der ligurische Fieschi-Papst Innozenz IV. wird zum zähesten Widersacher des Stauferkaisers Friedrich II.
1252 Der *Genovino*, die erste Goldmünze Genuas, wird geschlagen.
1261 Im Vertrag von Ninfeo räumt der byzantinische Kaiser Genua Handelsprivilegien am Schwarzen Meer ein.
1266 Galata, der asiatische Teil von Istanbul, wird an Genua verpachtet.
um 1270 Der Dominikaner Jacobus de Voragine, Erzbischof von Genua, schreibt die Legendensammlung mit den Lebensgeschichten der Heiligen, die ›Legenda aurea‹.
1284 In der Schlacht von Meloria besiegt Genua die rivalisierende Seerepublik Pisa, Sardinien wird für kurze Zeit genuesisch.
vor 1339 Der Genuese Lanzarotto Malocello entdeckt die Kanarischen Inseln: Lanzarote wird nach ihm benannt.
1339 Simone Boccanegra wird erster Doge auf Lebenszeit. Er legt 1344 sein Amt nieder (Beginn des ›Dogenkarussells‹) und wird in seiner zweiten Amtszeit 1363 bei einem Festmahl vergiftet.
1341 Nicoloso da Recco entdeckt die Azoren.
1347 Aus der genuesischen Kolonie Jaffa am Schwarzen Meer wird die Pest nach Europa eingeschleppt.
1380 Genua verliert die Seeschlacht von Chioggia gegen Venedig und damit seinen Einfluss im östlichen Mittelmeer.
15. Jh. Genua gerät unter den Einfluss Mailands und Frankreichs.
1451 Christoph Kolumbus wird in Genua geboren.
1447–55 Nikolaus V. (Parentucelli), Bischof von Sarzana-Luni, wird Papst.
1456 Antonio da Noli erkundet die westafrikanische Gambia-Mündung und die Kapverdischen Inseln.
1466 Andrea Doria, der spätere Principe Genuas, wird in Oneglia geboren.
1475 Papst Sixtus IV. (Della Rovere) aus Celle Ligure beginnt mit dem Bau der Sixtinischen Kapelle im Vatikan.
1492 Christoph Kolumbus entdeckt Amerika für die Europäer.
1497 Der Ligurer John Cabot (Caboto) entdeckt Neufundland.

Sah er wirklich so aus? Porträt des ligurischen Entdeckers Kolumbus

1503–13 Papst Julius II. (Della Rovere) aus Albisola tut sich als Feldherr und Kunstmäzen hervor.
1506 Christoph Kolumbus stirbt verarmt in Valladolid.
1507 Ludwig XII. von Frankreich zieht im Triumph in Genua ein, dessen Autonomie de facto fast erloschen ist.
1528 Genua lässt den Hafen der Rivalin Savona zuschütten. – Auf Druck Andrea Dorias gibt sich Genua eine oligarchische Verfassung mit 2-jähriger Dogenwahl. Doria gilt als *Principe* der Republik.

Genueser Hafenvedute für Seefahrer aus dem Palazzo Spinola

1533 Andrea Doria empfängt seinen neuen Alliierten Kaiser Karl V.

1547 Andrea Doria schlägt ›Die Verschwörung des Fiesko zu Genua‹ nieder (von Schiller 1783 dramatisiert).

Um 1550 Islamische Piraten plündern zahlreiche Küstenstädte, Genua lässt Strandwachttürme errichten.

1552 Genua, zur Republik ernannt, gibt sich auf Druck Andrea Dorias eine neue oligarchische Verfassung, die bis 1797 Bestand hat.

1607 Der flämische Maler Peter Paul Rubens weilt in Genua.

1621 Anthonis van Dyck beginnt seine Italienreise in Genua.

1656 Die Pest fordert in Genua 90 000 Todesopfer.

1684 Die Kanonen des französischen Königs Ludwig XIV. verwüsten Genua.

1746 Österreicher besetzen Genua, werden aber durch einen Volksaufstand, der durch den Steine werfenden Knaben Balilla ausgelöst wird, vertrieben.

Mächtiger Doge Andrea Doria – porträtiert von van Dyck

Teufelsgeiger und Seelenverführer — Niccolò Paganini

Garibaldi trug schon in jungen Jahren sein Rothemd

1753 San Remo rebelliert gegen die Vorherrschaft Genuas.

1768 Genua tritt Korsika für 2 Mio. Lire an Frankreich ab.

1782 Der Wundergeiger Niccolò Paganini wird in Genua geboren.

1794 General Napoleon Bonaparte besetzt Ligurien.

1797 Ende der Adelsrepublik Genua, die unter dem Namen République Ligurienne ein Satellitenstaat Frankreichs wird.

1805 Giuseppe Mazzini wird in Genua geboren. Ab 1831 treibt er als republikanischer Chefideologe des Risorgimento die Einigung Italiens voran.

1809 Papst Pius VII. wird von Napoleon in Savona interniert.

1814/15 Ligurien wird auf Beschluss des Wiener Kongresses als Herzogtum Genua zum Königreich Sardinien-Piemont geschlagen.

1822 Der englische Dichter Percy Bysshe Shelley ertrinkt auf einer Segelpartie von San Terenzo nach Livorno. Lord Byron lässt seine Leiche nach antiker Manier am Strand verbrennen.

1830 Die Via Aurelia wird (nach napoleonischen Plänen) wieder durchgehend befahrbar gemacht.

1833 Aufstände in Genua gegen die reaktionäre piemontesische Regierung werden niedergeschlagen.

1847 Der Genueser Goffredo Mameli schreibt die italienische Nationalhymne ›Fratelli d'Italia‹ (Brüder Italiens).

1848 Giuseppe Mazzini wird Führer der kurzlebigen römischen Republik.

1855 Giovanni Ruffini veröffentlicht seinen englischsprachigen Roman ›Dottor Antonio‹. Der Bestseller löst die erste große Reisewelle an die Riviera aus.

1860 Giuseppe Garibaldi aus Nizza (1807–1882) sticht von Quarto (bei Genua) mit den ›Tausend Rothemden‹ in See, um Sizilien zu erobern.

1861 Einigung Italiens.

1867 Sir Thomas Hanbury erwirbt in Mortola das Terrain für seinen ›Italian garden‹.

1886 Der Dichter Edmondo de Amicis (1846–1908) veröffentlicht den Erfolgsroman ›Cuore‹ (Herz).

1887 Erdbeben bei San Remo und Zerstörung Bussanas.

1892 Die Sozialistische Partei Italiens wird in Genua gegründet.

1893 Genoa wird als erster italienischer Fußballklub gegründet. In der ursprünglichen Elf spielten zehn Briten und ein Italiener. Noch heute trägt der neunmaligen italienische Meister den englischen Namen Genuas.

1904 Der Automobile Club Genova wird gegründet.

1916 Der erste Autoführer über Ligurien erscheint für die Mitglieder des Italienischen Touring Clubs (TCI).

1916 Der ligurische Papst Benedikt XV. bemüht sich im Ersten Weltkrieg um Friedensverhandlungen.

1922 Im Vertrag von Rapallo vereinbaren Deutschland und die Sowjetunion enge Zusammenarbeit. Die Delegationen der Verhandlungspartner werden von Walther Rathenau und Georgij Wasiljewitsch Tschitscherin geleitet.

1925/26 Der englische Schriftsteller D. H. Lawrence lebt in Spotorno.

1926 Groß-Genua entsteht durch Eingemeindung zahlreicher Vororte.

1935 Giuseppe Olmo aus Celle Ligure stellt einen Weltrekord im Radfahren auf (45,9 km in 1 Stunde).

1937 Renzo Piano (der spätere Architekt des Centre Pompidou in Paris, des Potsdamer Platz in Berlin) wird in Genua geboren.

1943–45 Partisanen leisten in den ligurischen Bergen erbitterten Widerstand gegen deutsche Okkupationstruppen. Die von deutscher Seite geplante Zerstörung von Hafen- und Industrieanlagen wird abgewendet.

1947 Der Tenda-Pass und Teile des Roia-Tales im Hinterland von Ventimiglia werden an Frankreich abgetreten. – Genua erhält für die *Resistenza* der Partisanen gegen die deutsche Okkupation die höchste militärische Auszeichnung Italiens, die *Medaglia d'Oro*.

1951 Nilla Pizzi gewinnt das erste Festival von San Remo mit dem Schlager ›Grazie dei Fiori‹.

1975 Der genuesische Lyriker Eugenio Montale erhält für seine Anthologien den Nobelpreis für Literatur.

1978–85 Sandro Pertini (1896–1990), ehem. Partisan aus Stella bei Savona und Mitglied der Sozialistischen Partei Italiens, wird italienischer Staatspräsident.

1984 Der Genueser Liedermacher Fabrizio de André (1940–1999) besingt sein berühmtes Album ›Creuza de mä‹ (›Pfad zum Meer‹) im ligurischen Dialekt.

1991 Sampdoria Genua wird zum ersten Mal italienischer Fußballmeister. – Der Öltanker ›Haven‹ explodiert vor Genua. Eine Ölpest an den Rivierastränden ist gerade noch abzuwenden.

1992 Genua feiert die Celebrazioni Colombiane (500-Jahr-Feier der Entdeckung Amerikas). Die Hafenspeicher und der Dogenpalast werden zu Ausstellungszentren umgebaut.

2001 Der G8-Gipfel in Genua wird von schweren Ausschreitungen seitens der Globalisierungsgegner sowie von Polizeiübergriffen überschattet. – Unter Federführung von Genuas Stararchitekt Renzo Piano entsteht im Porto Antico als neuer Blickfang das Glaskugel-Bauwerk ›La Bolla‹, in dem eine Regenwald-Biosphäre mit Schmetterlingen und Chamäleons entsteht.

2004 Genua ist Kulturhauptstadt Europas.

2005 Der Linkspolitiker Claudio Burlando wird Regionalpräsident Liguriens.

2013 Der *Movimento 5 Stelle* des ligurischen Komikers und Korruptionskritikers Beppe Grillo (geb. 1948 in Genua) wird bei den Parlamentswahlen mit 25 % stärkste Einzelpartei Italiens.

2014 Die Regatta der vier Seerepubliken Amalfi, Genua, Pisa und Venedig wird turnusgemäß in Genua ausgetragen.

2016 Geplante Fertigstellung der futuristischen Waterfront *Piazza sul Mare* am Porto Parodi durch die holländischen Architekten Ben van Berkel und Carolin Bos.

Der Genueser Stararchitekt Renzo Piano ist 2001 Schöpfer der Glaskugel ›La Bolla‹ im Porto Antico von Genua

Unterwegs
Bellissima Vernazza – wo die Riviera di Levante
ihre ganze Schönheit entfaltet

Genua – das stolze Kind der Meere

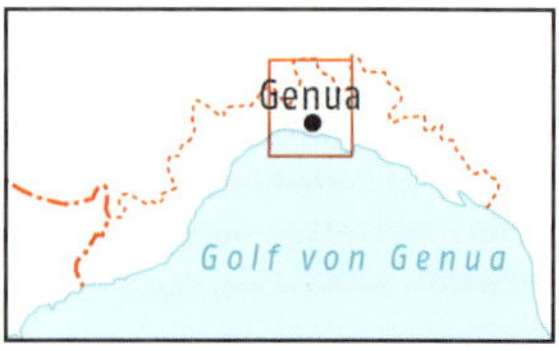

Das Genua des 21. Jh. entpuppt sich mit einer Fülle an Kunstschätzen und historischen Monumenten als großartige Entdeckung. Hier genießt man noch das in Italien selten gewordene Vergnügen, Sehenswürdigkeiten allerersten Ranges ohne Besuchermassen erleben zu können. Die **Via Garibaldi** etwa, Goldmeile der großen Genueser Adelsfamilien, ist nach dem Canal Grande die prunkvollste Palaststraße des Landes. Auch kann man hochkarätige Gemälde berühmter Künstler wie van Dyck, Rubens oder Bernardo Strozzi am Ort ihrer Entstehung studieren. Die prächtigen Palastgalerien entstanden, als der Bankiersadel das amerikanische Gold seiner spanischen Schuldner gegen Kunst eintauschte. Einzigartig ist Genuas **Altstadt** mit ihren seit dem 12. Jh. immer wieder aufgestockten Hochhäusern, die oft von afrikanischen Migrantenfamilien bewohnt werden. In den engen Gassen präsentiert sich dem Besucher eine alteuropäische Großstadt im architektonischen Originalzustand, nicht wie London durch Brand zerstört oder wie Paris reguliert und auch noch nicht durch Luxussanierungen sterilisiert. Ein Kontrastprogramm bietet der von dem Genueser *Renzo Piano* zur ultramodernen **Uferpromenade** ausgebaute Hafen. Groß-Genua erstreckt sich 35 km entlang der Küste. Neben Villenzonen wie **Nervi** und **Pegli** umfasst es traditionelle Arbeiterviertel wie Sampierdarena, wo die Fußballelf Sampdoria ihre treuesten Anhänger hat, und einige eingemeindete Bergdörfer.

1 Genua

La Superba, die stolze alte Seemacht, lockt heute als moderne Hafenmetropole mit historischen Prachtbauten.

»Niemals sah ich eine Stadt wie Genua! Etwas unbeschreiblich Schönes, Großartiges, Eigenartiges: Paris und London verschwinden hinter dieser göttlichen Stadt.«, schwärmte einst Richard Wagner. Und noch heute begeistert der Anblick der imposanten Hafenstadt **Genova** (582 000 Einw.) mit ihrem vielgestaltigen Häusermeer zu Füßen des ligurischen Apennin. Kein Wunder, dass man ihr einst den Beinamen La Superba, die Stolze, verlieh.

Es empfiehlt sich, bei der Anreise und in Genua auf das Auto zu verzichten. Die Stadt ist per Zug praktisch von jedem Rivieraort in kurzer Zeit zu erreichen, beide Bahnhöfe, *Stazione Brignole* im Osten und *Stazione Principe* im Westen, liegen zentral und werden deshalb als Ausgangspunkt der beiden Stadtrundgänge, die als Tagestouren konzipiert sind, gewählt.

Genua, die Stolze – Porto Antico mit dem Panoramaaufzug Bigo und Piazza delle Feste

Geschichte Genua wurde als Handelsniederlassung der Ligurer im 5. Jh. v. Chr. gegründet. Die erste urkundliche Erwähnung der Stadt datiert auf 218 v. Chr. In diesem Jahr kämpfte sie als einzige ligurische Stadt an der Seite der *Römer* gegen Hannibal. Sogar der Name Genua soll einer Deutung zufolge vom römischen Schutzgott Janus abgeleitet sein.

Schon in der Spätantike war der Hafen Genuas der wichtigste Umschlagplatz Liguriens. Unter Bischof Teodolfo setzte Ende des 10. Jh. ein Aufschwung ein, der 1099 in der Errichtung der bürgerlichen *Compagna* gipfelte, der Keimzelle der freien Stadtregierung. Zur gleichen Zeit nahmen Genuesen an den *Kreuzzügen* teil und unterhielten Kontore in den Metropolen des Vorderen Orients. 1155 erhielt Genua einen Mauerring und erweiterte seinen Machtbereich, sodass um 1220 ganz Ligurien unter seiner Kontrolle stand. In der zweiten Hälfte des 13. Jh. befand sich die Stadt schließlich auf dem Höhepunkt ihrer Macht. Sie erhielt von Byzanz Handelsprivilegien am Schwarzen Meer (Kontrolle über den Zugang zur Seidenstraße) und besiegte die Rivalin **Pisa** 1284 in der Seeschlacht bei Meloria.

Innenpolitisch lagen die ghibellinischen (Doria, Spinola) mit den guelfischen **Adelsfamilien** (Fieschi, Grimaldi) in einem Zwist, der auch durch Einführung des Dogenamtes 1339 (Simone Boccanegra) kaum gemildert wurde. 1380 unterlag Genua **Venedig** in der Schlacht von Chioggia und verlor damit seine Vormacht im einträglichen Osthandel. Unter der Führung der Adelsfamilien Adorno und Fregoso geriet es Ende des 15. Jh. unter französische und mailändische Oberherrschaft. Neuschöpfer der genuesischen Macht wurde **Admiral Andrea Doria** (1466–1560), der den Konflikt zwischen Frankreich und Spanien geschickt durch den Fahnenwechsel zum siegreichen Kaiser Karl V. ausnutzte. Die von ihm 1528 durchgesetzte **Verfassung** konzentrierte die Macht und sah alle zwei Jahre die Neuwahl des Dogen vor. Die durch Schillers Drama verewigte ›Verschwörung des Fiesko zu Genua‹ von 1547 scheiterte, weil Gian Luigi Fieschi, der jugendliche Draufgänger, beim Entern eines Schiffes mit schwerer Rüstung über Bord fiel und ertrank.

Der Aufstand blieb Episode: Genuas Bestimmung wurde es, unter dem stabi-

Gebete für die Seerepublik – Madonnennische in der Altstadt

Segeln unter dem Kreuz

Ein rotes Kreuz auf weißem Grund flatterte schon im 11. Jh. an den Masten der Schiffe genuesischer Kreuzfahrer. Die Genuesen waren fromme Händler. Noch heute gibt es kaum eine Straßenecke in der Altstadt, die nicht von einer **Edicola** mit Maria oder einem Heiligen geschützt wird. Gut gewählt ist auch der Stadtpatron. Der **hl. Laurentius** war Diakon und Armenpfleger im antiken Rom. Mit dem prallen Geldbeutel, den er manchmal zum Almosenspenden trägt, konnte sich die Finanzstadt leicht identifizieren.

Das **Kreuzwappen** des einstigen Stadtstaates ist noch heute in ganz Italien präsent, auf den Wimpeln ungezählter Privatjachten und den Kriegsschiffen der italienischen Flotte. Die Fahne der Marine zeigt tatsächlich im Herzschild mit den drei Kreuzen und dem Markuslöwen die Symbole der vier historischen Seerepubliken. Jedes Jahr im Mai/Juni erinnern sich die Genuesen an ihre Vergangenheit als Seemacht, wenn ihre besten Ruderer gegen die Kämpen Amalfis, Pisas und Venedigs zur **Regata e Corteo Storico delle Antiche Repubbliche Marinare** turnusmäßig in einem der Küstengewässer antreten.

len Dogen-System zum ersten **Finanzplatz** Europas aufzusteigen. Die Großkaufleute der *Superba*, in der 1407 gegründeten *Banco di San Giorgio* organisiert, finanzierten die Feldzüge Kaiser Karls V. und Philipp II. und profitierten von den Staatsbankrotten Spaniens. Üppige Prachtbauten und reich ausgestattete Kirchen entstanden im *Seicento*, dem 17. Jh., als Genua neben Neapel und Bologna zur **Maler-Metropole** Italiens avancierte.

1797 wurde die Adelsrepublik durch **Napoleon** aufgelöst – doch blieb Ligurien zumindest eine selbstständige politische Einheit. 1815 an Savoyen-Piemont angeschlossen, traten in der Folge viele Genuesen wie **Giuseppe Mazzini** (1805–1872) dem Lager der Revolutionäre bei, die die Einigung Italiens vorantrieben.

Im 19. Jh. wurde Genua zu einem modernen **Industriehafen** ausgebaut, eine beträchtliche Kolonie britischer *Residents* garantierte internationale Handelskontakte. Nachdem die von deutschen Kommandostellen 1943 geplante Zerstörung der Hafenanlagen abgewendet werden konnte, sorgten Werften sowie Stahl- und Waffenproduktion bis etwa 1970 für einen Dauerboom. Doch mangelnde Investitionsbereitschaft und Fabrikschließungen verursachten seit den 1980er-Jahren einen Niedergang, Hafen und Altstadt wurden zum *Sanierungsfall*. Erst das Kolumbusjahr 1992 zur Erinnerung an den nach eigenem Bekunden aus Genua stammenden Seefahrer *Christoph Kolumbus* (um 1451–1506) brachte Impulse für den Aufschwung, welcher seine Fortsetzung mit dem Weltwirtschaftsgipfel 2001 und der Rolle als Europäische Kulturhauptstadt 2004 fand. Heutzutage bieten sich Genuas historisches Zentrum und sein Hafen, der größte des Mittelmeers, wieder in altem Glanz und mit neuen Attraktionen ausgestattet dem Besucher dar.

Centro Storico I – die südliche Altstadt

Die belebte **Piazza De Ferrari**, nach dem Finanzier des Hafenausbaus von 1877 benannt, bildet das städtische Zentrum Genuas. Markantestes Gebäude und Wahrzeichen des zukunftsorientierten Genua ist das postmoderne Opernhaus **Teatro Carlo Felice** 1 (Tel. 01 05 38 11, www.carlofelice.it, Führungen nach Voranmeldung), das die klassizistische Säulenvorhalle des 1943 ausgebombten Vorgängerbaus von Carlo Barabino integriert. Bereits das alte, 1828 eingeweihte *Felice* hatte –

wie das neue Haus – 2000 Plätze. *Aldo Rossi*, Mailänder Stararchitekt, konnte sein Projekt 1983–90 fertigstellen. Der blockartige nüchterne Hochhauscharakter (61 m Höhe) kommt u. a. dadurch zustande, dass Rossi das Foyer auf den Bühnenturm setzte. Der Zuschauerraum, dessen Wände wie Hausfassaden mit Fenstern, grünen Läden und Balkons gestaltet sind, wird in die Kulisse des jeweiligen Bühnenbildes miteinbezogen – ein eigenwilliger Akzent, der die Illusion einer Piazza vorgaukelt.

Ein weiterer Palazzo des 19. Jh. von Carlo Barabino an der Piazza beherbergt die 1751 gegründete Kunstakademie **Accademia Ligustica di Belle Arti** 2 (Tel. 010 56 01 31, www.accademialigustica.it, Di–Fr 14.30–18.30 Uhr) mit einem Museum zumeist lokaler Kunst des 14.–19. Jh., darunter Werke der Barockmaler Bernardo Strozzi und Benedetto Castiglione, gen. Il Grechetto. Der auf mittelalterliche Ursprünge zurückgehende **Palazzo Ducale** 3 (Tel. 010 55 74 000, www.palazzoducale.genova.it, Di–So 9–19 Uhr) mit seinen Prunksälen, der 1591 durch Andrea Ceresola, gen. Il Vannone, umgebaut wurde, dient heute als multifunktionales Kulturzentrum. Nach einem Brand schuf Simone Cantoni 1778–83 die zur *Piazza Matteotti* ausgerichteten klassizistischen Fassaden, eine der ältesten ihres Stils in Italien. Die einstigen Dogengemächer im 1. Stock werden inzwischen für Wechselausstellungen genutzt.

Mit einer üppigen Ausstattung wartet auch die benachbarte Jesuitenkirche **SS. Ambrogio e Andrea** (auch Chiesa del Gesù) 4 von 1589 (Fassade 19. Jh.) auf. Ihre Glanzlichter und zugleich kostbarste Kunstwerke Genuas sind die Gemälde, die *Rubens* für die Stifterfamilie Pallavicino schuf: Die ›Beschneidung Christi‹ (1605) am Hochaltar und das großartig inszenierte ›Wunder des hl. Ignatius‹ (vor 1620, 3. Seitenkapelle links) zeigen, wie stark der flämische Meister die Monumentalität italienischer Barockmalerei seinem Stil adaptierte.

TOP TIPP

Altehrwürdig erscheint die **Cattedrale San Lorenzo** 5 (tgl. 8–12 und 15–19 Uhr), deren Vorplatz im 19. Jh. durch den Abriss von Altstadthäusern geschaffen wurde. Die *Fassade* mit polychromem Bauschmuck, reichen Gewändeportalen und Tympanonreliefs entstand im 13. Jh. Die Porta San Giovanni an der linken Flanke dürfte noch von der 1118 durch Papst Gelasius II. geweihten ersten Kathedrale stammen, die 1296 abbrannte. Am gotischen *Innenraum* wurde unter Verwendung romanischer Bauteile, z. B. der Säulen, vom 13. bis 16. Jh. gebaut, bis Tonnenwölbung und Kuppel von Galeazzo Alessi fertiggestellt waren. Die feierliche Wirkung der dreischiffigen Anlage mit zwei Arkadengeschossen als Scheinemporen wird

Klassizistische Tempelfront und kubische Moderne: Teatro Carlo Felice an der Piazza De Ferrari

Zebrastreifen einmal anders – Genuas gotischer Prachtdom San Lorenzo (13. Jh.) bei Nacht

durch die Schwarz-Weiß-Bänderung der Wände unterstrichen. Besonders reich sind die drei Chorkapellen ausgestattet. Das mit Schnitzereien verzierte Chorgestühl der *Hauptapsis* wurde 1514 begonnen, das Gewölbe der rechten *Cappella Senarega* freskierte Giovanni Andrea Carlone um 1690 mit der Sebastianslegende. Der Marienzyklus der linken *Cappella Lercari* gilt als Hauptwerk des Genueser Manierismus: Die Deckenfresken schuf Giovanni Battista Castello, gen. Il Bergamasco, 1567 löste ihn Luca Cambiaso ab und bemalte die Wandpartien. Beachtung verdienen auch die Marmorkanzel (1526) im Mittelschiff und ein Kreuzigungsrelief (1443) im rechten Seitenschiff. Ein geschlossenes Frührenaissance-Ensemble mit zarten Reliefs stellt die von der Mitte des linken Seitenschiffs abgehende *Cappella San Giovanni Battista* dar, die 1451 von Domenico Gaggini begonnen und von Mitgliedern dieser Bildhauerfamilie vollendet wurde.

San Lorenzo unvergesslich – imposante Arkaden und üppig dekorierte Chorapsis

Das **Museo del Tesoro di San Lorenzo** (Tel. 01 02 47 18 31, Mo–Sa 9–12 und 15–18 Uhr) birgt den Domschatz, dessen Hauptattraktion ist der ›Heilige Gral‹ (Sacro Catino), eine geheimnisumwobene, glasig-grünschimmernde Schale des 9. Jh. aus Caesarea, die beim 1. Kreuzzug im 11. Jh. von Guglielmo Embriaco erbeutet wurde. Der Legende nach war sie das Gefäß, in dem Engel das Blut Christi auffingen, einer anderen Geschichte zufolge war sie ein Geschenk der Königin von Saba an Salomon, das später beim Letzten Abendmahl Verwendung fand.

Ein paar Schritte von der Cattedrale entfernt öffnet sich die **Piazza San Matteo** 6 mit ihren gotischen Palazzi, einst Stadtquartier der Familie Doria. Die schwarz-weiße Bänderung der Paläste, ursprünglich wohl eine Stilanleihe aus dem Arabischen (*ablaq*), war zunächst den Bauten der Patrizierfamilien vorbehalten. Die ebenfalls gestreifte kleine Kirche **San Matteo** löste 1310 San Fruttuoso [s. S. 48] als Grablege der Doria ab. In die *Fassade* ist rechts oben eine römische Spolie eingefügt, der Torso einer männlichen Aktfigur. Unter den Grabmälern im *Inneren* fällt das Monument für Andrea Doria (1466–1560) ins Auge, das ebenso wie die Krypta von einem Schüler Michelangelos, Giovanni Angelo Montorsoli, gestaltet wurde. Der Hochaltar birgt ein Schwert, das der Admiral vom Farnese-Papst Paul III. geschenkt bekam.

Über den breiten *Campetto* flaniert man zur Via Orefici. Die nahe **Loggia dei Mercanti** 7 (Tel. 010 55 71 11), 1598 von Andrea Ceresola als Handelszentrum errichtet, ist heute ein Ausstellungsforum. Die mittelalterliche Uferstraße **Via Sottoripa** 8 liegt im Schatten der stark frequentierten Hochstraße, welche die Altstadt durchschneidet und diese vom Porto Antico trennt. Pläne zu ihrer Beseitigung liegen bereits vor. Die nahe *Piazza Caricamento* wird dominiert vom **Palazzo San Giorgio** 9 (Tel. 01 02 41 26 25, www.porto.genova.it, Besichtigung nach Voranmeldung), der eine Prachtfassade mit illusionistischen Fresken des 16. Jh. präsentiert. Das Palais wurde 1260 im Auftrag Guglielmo Boccanegras als *Rathaus* erbaut, später ließ sich hier die Steuerbehörde nieder. 1407 zog die neu gegründete *Banco di San Giorgio* ein, die auch den Ausbau des Palazzo von 1570 veranlasste. Inzwischen ist er Sitz der Hafenbehörde. Sehenswert ist die *Sala Grande* mit ihren 21 Marmorstatuen berühmter Genuesen.

Bald darauf erreicht man den **Porto Antico** (www.portoantico.it). Das Areal mit seinen Speichern und Lagerhallen entlang der Uferpromenade wurde anlässlich des Kolumbusjahres 1992 nach Plänen von *Renzo Piano* restauriert und mit spektakulären neuen Museen (Kombitickets erhältlich) ausgestattet.

Auf dem breiten **Molo Vecchio** im Süden, der heute auch den Jachthafen Marina Molo Vecchio umfasst, stehen die **Magazzini del Cotone**, riesige, im 19. Jh. errichtete Baumwollspeicher. Der Gebäudekomplex im Schatten von Ladekränen bietet ein Kongresszentrum, das Kino, eine Kinderbibliothek sowie eine Passage mit Läden und Restaurants. Zu den Publikumslieblingen gehört das hiesige Kindermuseum **La Città dei Bambini e dei Ragazzi** 10 (Tel. 01 02 47 57 02, www.cittadeibambini.net, Di–So 10–18 Uhr, letzter Einlass 16.45 Uhr), das junge Entdecker auf eine spannende experimentelle Reise durch die Welt der Wissenschaft und Technik schickt. Der ins Hafenbecken eingelassene Pool **Piscina-Teatro** (Juni–Sept.

Hier bat man Könige zur Kasse – in diesem Palazzo residierte die Banco di San Giorgio

tgl. 10–18 Uhr) verspricht Abkühlung an Sommertagen, abends locken eine Bar und Theaterevents.

Im Süden des Molo Vecchio fällt der voluminöse Torbau der **Porta Siberia** 11 ins Auge, die im 16. Jh. von Galeazzo Alessi entworfen wurde. Inzwischen ist hier das *Museo Luzzati* (Tel. 01 02 53 03 28, tgl. 10–13, 15–19 Uhr) eingezogen, das Werke des Künstlers und Bühnenbildners Emanuele Luzzati (1921–2007) zeigt.

Weiter nördlich schließen sich die **Quartieri Antichi** des Hafens an. Sie bestehen aus den vier *Palazzine de '600*, stilvollen Bauten des 17. Jh., die heute als Bürohäuser dienen, und einem *Millo* genannten Gebäuderiegel, in dem das **Museo Nazionale dell'Antartide** 12 (Tel. 01 02 47 06 03, www.mna.it, Di–So 10–18 Uhr) interessante Dokumentationen zum Naturraum Südpol darbietet. Spannung pur und herrliche Ausblicke auf Genua verspricht eine Fahrt mit dem Panoramaaufzug des **Bigo** 13, einer im Hafenbecken platzierten Konstruktion aus stachelartigen Pilonen. Der rotierende Lift gleitet an Stahlseilen zur Spitze des größten Mastes in 40 m Höhe hinauf. Das benachbarte Pier wird vom Zeltdach der **Piazza delle Feste** dominiert, einem Eventforum, das sich im Winter in ein Eisstadion verwandelt.

Auf dem benachbarten lang gestreckten Pier *Ponte Spinola* lockt eine der bedeutendsten Attraktionen der Stadt, das **Acquario di Genova** 14 (Tel. 01 02 34 56 78, www.acquariodigenova.it, (Jan.–März Mo–Fr 9.30–19.30, Sa/So bis 20.30, April–Juni Mo–Fr 9–19.30, Sa/So 8.45–20.30, Juli/Aug. tgl. 8.30–22.30, Sept./Okt. Mo–Fr 9–20, Sa/So 8.45–21, Nov./Dez. Mo–Fr 9.30–20, Sa/So bis 21 Uhr). Der größte Wasserzoo Europas, eine Meeresshow der Superlative, zeigt auf 13 000 m² über 600 verschiedene Spezies, darunter Delfine, Seehunde, Humboldtpinguine, Haie und Quallen. Die Museumsreise geht von den Mangrovensümpfen bis zu den Molukken, vom Regenwald bis zum karibischen Korallenriff. Eine meeresbiologische Station sorgt dafür, dass die Tiere in einem möglichst naturnahen Ambiente leben. Der große schiffsförmige Anbau *Nave Blu* ist quasi ein Dampfer mit Meer im Bauch, denn in seinen Wasserbassins werden das Mittelmeer und seine Bewohner vorgestellt. Von der Isola delle Chiatte an der Spitze der Mole genießt man einen herrlichen Blick auf den Porto Antico und die Skyline von Genua.

TOP TIPP

Als fotogener Blickfang liegt hinter dem Acquario das imposante Filmschiff *Il Galeone Neptune* vor Anker, das Roman Polanski 1986 eigens für die Dreharbeiten an seinem Streifen ›The Pirates‹ bauen ließ.

Wie ein Wesen von einem anderen Stern schwebt seit 2001 die durchscheinende Kugel **La Bolla** 15 (tgl. 10–17 Uhr)

In der Unterwasserwelt des Acquario di Genova – Kinder begegnen den Bewohnern der Meere

Santa Maria di Castello – diese anmutige ›Verkündigung‹ schuf Justus von Ravensburg (1451)

von Renzo Piano auf dem Wasser unweit des Acquario. In der von zwei Sonnensegeln geschützten Regenwald-Biosphäre leben zwischen tropischen Baumriesen Schildkröten, Papageien, Chamäleons, Piranhas und exotische Schmetterlinge.

Unweit von Bigo und Acquario befinden sich Anlegestellen der Ausflugsschiffe, mit denen man Hafenrundfahrten und Exkursionen entlang der Riviera di Levante unternehmen kann (Consorzio Liguria Via Mare, Tel. 010 26 5712, www.liguriavia mare.it). Ein beliebtes Fotomotiv auf der Wasserreise ist das Wahrzeichen Genuas, die **Lanterna** 16 (Tel. mobil 393 93 15 257 www.muvita.it, Sa/So/Fei 14.30–18.30 Uhr). Der 77 m hohe Leuchtturm von 1543 birgt das *Museo della Lanterna* mit Filmen und Exponaten zur Stadtgeschichte. Seit 1990 hat die Lanterna durch einen riesigen schwarz-weiß gestreiften Bürohausturm Konkurrenz bekommen, den die Genuesen wegen seiner Spitze *Matitone* (dicker Bleistift) nennen.

Nach der Rückkehr in den Hafen lohnt ein Besuch des interessanten **Galata Museo del Mare** 17 (Darsena, Tel. 010 23 45 655, www.galatamuseodel mare.it, März–Okt. tgl. 10–19.30, Nov.–Feb. Di–Fr 10–18, Sa/So 10–19.30 Uhr, letzter Einlass 60 Min. vor Schließung). Modern inszeniert wird hier die Geschichte der Schifffahrt dargeboten, von den frühen Galeeren bis zur Überquerung des Atlantik seit Kolumbus' Zeiten.

TOP TIPP

Der benachbarte Pier *Ponte Parodi* wird seit 2008 nach Plänen der niederländischen Architekten Ben van Berkel und Caroline Bos (www.unstudio.com) zur futuristischen *Piazza sul Mare* ausgebaut. Heftig diskutiert wird über die Zukunft der verrottenden gigantischen Hafen-Getreidespeicher zwischen Ponte Parodi und Ponte dei Mille, die nach der im Baujahr 1901 revolutionären Betontechnik ›Silos Hennebique‹ genannt werden.

Zurück in die Altstadt führt der Spaziergang von der Uferstraße zum Castello-Hügel. Diese antike Keimzelle Genuas wurde im Zweiten Weltkrieg schwer getroffen. Glücklicherweise blieb die 55 m hohe **Torre Embriaci** 18 aus dem 12. Jh. unversehrt. 1296, als ein Gesetz den Rückbau aller Geschlechtertürme anordnete, wurde diese Torre als einzige verschont. Vis-à-vis erhebt sich die bedeutende romanische Kirche **S. Maria di Castello** 19, die Teil eines großen *Dominikanerklosters* (15./16. Jh.) war. Der unter Wiederverwendung römischer Säulen im 12. Jh. errichtete Sakralbau wurde ab 1442 mit Kreuzrippen eingewölbt, der Mönchs-

Monumento Cristoforo Colombo mit Indianerin an der Piazza Acquaverde

Aufbruch in die Neue Welt

Entdecker hat Ligurien im Dutzend anzubieten. Die Kanaren, die Azoren, die Kapverdischen Inseln und wohl auch Madeira – all die bedeutenden Vorposten im Atlantik – wurden schon im 14. Jh. von ligurischen Seeleuten ausgekundschaftet.

Christoph Kolumbus (ital. Cristoforo Colombo), Admiral der Weltmeere und erster Vizekönig von Amerika, hatte Gründe, über seine ligurische Herkunft zu schweigen. Er wurde um 1451 in Genua geboren und stammte aus einfachen Verhältnissen. Der junge Kolumbus suchte sein Glück in der Seefahrt, vielleicht sogar in der Piraterie. 1477 ging er nach **Lissabon**. Die Heirat mit einer spanischen Adeligen brachte Kolumbus nach Porto Santo, der Nachbarinsel Madeiras.

Nach der Lektüre von über 2000 Büchern entwickelte er einen scheinbar utopischen Plan. Er wollte Marco Polos Indien und China auf dem **westlichen Seeweg** erreichen. Die Experten der portugiesischen Krone hatten nur ein Lächeln für ihn übrig. Verschuldet setzte sich Kolumbus 1484/85 nach **Spanien** ab und überzeugte Königin Isabella nach dreimaligem Anlauf davon, die Entdeckungsreise zu finanzieren.

Am 3. August 1492 stachen drei Karavellen, Santa María, Niña und Pinta, in See, am 6. September verließen sie mit Gran Canaria den letzten Stützpunkt vor der Atlantiküberquerung. Nach fünf Wochen wurde am 12. Oktober der Kanonenschuss abgefeuert, der ›Land in Sicht‹ signalisierte. Es war die Bahama-Insel **Guanahani**. Erster Hauptstützpunkt wurde Hispaniola (Haïti). Das anfänglich gute Verhältnis zu den Eingeborenen verschlechterte sich rapide: In ihrer Gier nach Gold gingen die Spanier zu üblen Gewalttaten über. Kolumbus stemmte sich zwar dagegen, nicht aber aus Humanität, sondern weil er als **Vizekönig** alle Goldeinkünfte der neu entdeckten Länder kontrollieren wollte. Als es ihm nicht gelang, Ordnung zu halten, ließ ihn der Vertreter der spanischen Krone verhaften und in Ketten nach Spanien schaffen. Hier wurde er zwar teilrehabilitiert, aber sein Vizekönigstitel und seine Ausbeutungsprivilegien waren endgültig dahin.

Nachdem Kolumbus auf weiteren Fahrten das ersehnte ›El Dorado‹, das Land des Goldes, nicht finden konnte, verlor die spanische Krone jedes Interesse an ihm. Einsam und verbittert starb Kolumbus 1506 in Valladolid. Erst im 18. Jh. wurde der Entdecker wiederentdeckt, doch sein unbestreitbarer Ruhm wurde auch in der Folgezeit immer wieder kritisch betrachtet. So wies man anlässlich der *Kolumbusfeiern 1992* darauf hin, dass seine Entdeckung Amerikas zugleich den Auftakt zum Völkermord an den Indianern bildete.

chor entstand 1589. An der opulenten barocken *Innenausstattung* wirkten einheimische Künstler wie Benedetto Castiglione und Bernardo Castello mit. Von der Sakristei aus erreicht man einen der insgesamt drei *Kreuzgänge* des Klosters.

Über die Via Sarzano gelangt man zur großen **Piazza Sarzano**, dem Forum der altligurischen Siedlung *Antium*. Hier befindet sich der Eingang zum Kloster des hl. Augustinus aus dem 13. Jh. mit gotischer Kirche und zwei Kreuzgängen. In seinen Mauern präsentiert heute das modern gestylte **Museo di Sant'Agostino** 20 (Tel. 0102511263, www.museosantagostino.it, Di–Fr 9–19, Sa/So 10–19 Uhr) seine qualitätvolle Sammlung ligurischer Skulptur vom Mittelalter bis zum 18. Jh.

Als Meisterwerke offenbaren sich einige lombardische Statuen des 11. Jh., Giovanni Pisanos Grabmal für *Margarete von Brabant* (1313/14) und das Monument für den Dogen *Simone Boccanegra* (1363) eines unbekannten genuesischen Meisters.

Wer gut zu Fuß ist, kann von hier einen Abstecher zur Kirche **S. Maria Assunta di Carignano** 21 unternehmen. Der 1550 von Galeazzo Alessi begonnene Zentralbau in Form eines überkuppelten griechischen Kreuzes folgt Michelangelos Plänen für die Peterskirche in Rom.

Von hier gelangt man in etwa 10 Min. durch das attraktive Wohnviertel um die Via N. Bixio und Via Corsica zum **Museo d'Arte Contemporanea Villa Croce** 22 (Via J. Ruffini 3, Tel. 010 58 00 69, www.museidigenova.it, Di–Fr 9–13, Sa 10–13 Uhr). Das neoklassizistische Palais aus dem 19. Jh. steht in einem Park über dem Meer und präsentiert Wechselausstellungen zeitgenössischer Kunst.

Der Stradone S. Agostino führt zur stimmungsvollen Kirche **San Donato** 23, die als besterhaltenes romanisches Gotteshaus der Stadt gilt. Der achteckige *Campanile* wurde 1888 um ein Geschoss aufgestockt. Auch die *Fassade* ist eine Rekonstruktion, hingegen bewahrt der dreischiffige, durch antike Säulen gegliederte *Innenraum* weitgehend den Zustand des 12. Jh. Besonders bemerkenswert sind die Biforien der Scheinemporen, gestützt von Doppelsäulchen mit aufwendig skulptierten Kapitellen.

Von hier geleitet der Vico del Fico zur imposanten 31 m hohen **Porta Soprana** 24. Das von zwei Türmen gekrönte Stadttor entstand 1155, als das auf dem Höhepunkt seiner Macht stehende Genua von der sog. Barbarossa-Mauer umschlossen wurde. Gleich nebenan duckt sich die kleine, efeuumkränzte **Casa di Colombo** 25 (Sa/So 10–18 Uhr, Führungen einschließlich Besichtigung der Türme der Porta Soprana), in welcher der Seefahrer seine Kindheit verbracht haben soll. Das Haus wurde 1684 durch französische Kanonen zerstört und im 18. Jh. fantasievoll rekonstruiert. Zum Ambiente gehören ferner die Reste des romanischen Kreuz-

Berühmte Nachbarn – Kolumbus wohnte gleich an der Porta Soprana

Hier behauptet sich das 19. Jahrhundert – die Via XX Settembre im modernen Hochhausmeer

gangs von S. Andrea. Die Via Dante führt nun nach links zurück zur Piazza De Ferrari. Den ab 1892 angelegten Prachtboulevard **Via XX Settembre** 26 säumen Jugendstilbauten, es gibt Kinos, Modeboutiquen und Schmuckgeschäfte zu bewundern.

Kurz vor dem **Ponte Monumentale**, einer an Stelle eines alten Stadttors 1895 errichteten Brücke, Gedenkstätte für die italienische *Resistenza* gegen die deutsche Besatzung im Zweiten Weltkrieg, erhebt sich links die Kirche **S. Stefano** 27 über expressiv gestreiften Kolonnaden. Mit der schwarz-weiß gebänderten Hauptfassade und der sparsam akzentuierten Choranlage ist das 1217 geweihte Gotteshaus eine der schönsten Kirchen der genuesischen Romanik. Von der reichen *Innenausstattung* sind die ›Steinigung des hl. Stefan‹ (1524) von Giulio Romano, Gemälde von Cesare Procaccini und die Reste einer Florentiner Sängerkanzel von 1499 an der Westwand hervorzuheben.

Noch weiter Richtung Stazione Brignole kommt man zum stimmungsvollen **Mercato Orientale** 28 (Mo–Sa 7.30–13, 15.30–19.30 Uhr). Der orientalische Markt ist seit 1899 im Kreuzgang des Consolazione-Konvents untergebracht.

TOP TIPP

Centro Storico II – die nördliche Altstadt

Direkt vor dem Bahnhof Stazione Principe steht auf der Piazza Acquaverde das 1846–62 ausgeführte **Monumento Cristoforo Colombo** 29. Zu Füßen des jugendlich anmutenden Seehelden kniet eine barbrüstige Indianerin, Relieftafeln berichten Episoden seines Lebens: Neben der Entdeckung Amerikas wird Kolumbus' Disput mit dem Weisenrat der spanischen Krone und seine Gefangennahme auf Hispaniola dargestellt.

Rechts hinunter geht es auf der Salita San Giovanni zur romanischen Johanniterkirche **San Giovanni di Prè** 30 von 1180. Die Oberkirche betritt man durch die einstige Chorapsis – der Altarraum befindet sich seit dem 18. Jh. im Westen. Der dreischiffige *Innenraum* mit seinen Bogenfenstern zum Meer hat das typische Aussehen einer frühen ligurischen Küstenkirche bewahrt: Die Flanke zur Seeseite hin ist als eigentliche Schaufassade gestaltet. Bis ins 18. Jh. war San Giovanni di Prè für den Malteserorden reserviert, der unterhalb der Kirche eine Kommende und ein Kreuzritterhospital betrieb.

Von hier führt die enge, dunkle **Via di Prè** 31 – der Name weist auf die Wiesen *(Prati)* hin, die sich einst am Stadtrand befanden – in den Bauch der Altstadt. Seit dem 12. Jh. ist die Via Prè, auch *Carrugio lungo* genannt, mit ihren alteingesessenen Geschäften, Heiligennischen und allgegenwärtigen Wäscheleinen eine faszinierende Einkaufsstraße, in der tagsüber multikulturelles Treiben herrscht.

An ihrem Ende stößt man auf das Stadttor **Porta dei Vacca** 32, eines der Überbleibsel der Barbarossa-Mauer von 1155. Von der Piazza Fossatello kann man einen Abstecher zur **Casa di Mazzini** 33 in der Via Lomellini machen. Im Geburtshaus des großen Patrioten und Republikaners Giuseppe Mazzini erinnert das *Museo del Risorgimento* (Di/Fr 9–13, Mi 9–19, Aug./Sep. Di/Mi/Fr 9–13, Sa 10–19 Uhr) an die italienische Einigungsbewegung [s. S. 32], in der der Ligurer eine führende Rolle spielte.

In unmittelbarer Nähe des *Carrugio lungo* liegt die altehrwürdige Kirche **San Siro** 34, deren Patronat dem ersten Bischof Genuas gewidmet ist. Der im 4. Jh. zunächst den Zwölf Aposteln geweihte Bau diente als erste Kathedrale, bis diese Funktion im 10. Jh. auf San Lorenzo [s. S. 21] überging. Nach einem Brand wurde San Siro ab 1585 neu errichtet und bekam 1821 eine klassizistische *Fassade*. Der durch Säulenpaare gegliederte *Innenraum* begeistert durch glanzvolles barockes Dekor. Einheimische Maler wie Domenico Piola, Domenico Fiasella gen. Il Sarzana und Gregorio de Ferrari schufen die *Deckenfresken* der Seitenschiffe, Giovanni Battista Carlone malte Hauptschiff, Kuppel und Chor aus.

Etwas versteckt hinter der Via della Maddalena liegt die **Galleria Nazionale di Palazzo Spinola** 35 (Piazza Pellicceria 1, Tel. 01 02 70 53 00, www.palazzospinola.it, Di–Sa 8.30–19.30, So 13.30–19.30 Uhr). Der Adelspalast wurde 1593 über mittelalterlichen Resten errichtet, Umbauten erfolgten Mitte des 17. und 18. Jh. Als Juwel unter den prunkvoll ausgestatteten Salons, Sälen und Appartements gilt die *Spiegelgalerie* von 1734, die mit ihrem vergoldeten Mobiliar und der von Lorenzo de Ferrari mit mythologischen *Fresken* bemalten Goldstuckdecke die ganze Pracht genuesischer Dekorationskunst darbietet. Die Sammlung präsentiert neben Skulpturen, Porzellan zahllose Gemälde, darunter Meisterwerke genuesischer Maler wie Strozzi und Cambiaso, ferner ein ›Ecce Homo‹ (1470) von Antonello da Messina und das faszinierende ›Porträt des Ansaldo Pallavicino‹ von Anthonis van Dyck.

Durch ein Viertel, das im Mittelalter zu den feinsten Wohngegenden Genuas zählte, gelangt man zur Kirche **S. Maria delle Vigne** 36, die nach den einst hier

Bunte Frische – aus der Fülle regionaler Produkte schöpft der Mercato Orientale

Wer blickt da noch durch – ›Bleistift‹, Hafen und Autobahn im modernen Moloch Genua

Il Porto di Genova

Der Porto di Genova (www.porto.genova.it) rangiert vom Aufkommen her vor Triest als größter Hafen Italiens, er gilt als der viertgrößte des Mittelmeeres und rangiert in Europa an zehnter Stelle. Mangels Investitionen stand er in der Vergangenheit hinter den Häfen Hamburg, Rotterdam und Marseille zurück. Rund 40 000 Menschen sind heute hier beschäftigt. Auf dem 225 ha großen Gelände, das sich vom Porto Antico westwärts über Sampierdarena nach Cornigliano erstreckt, sind allein 132 km Gleise verlegt. Außerdem laufen die Erdölpipelines in die Schweiz und nach Ingolstadt über die **Tankerdocks** im westlichen Stadtteil Multedo.

Sogar der **Flughafen** Cristoforo Colombo in Cornigliano, für den eigens eine 140 000 m^2 große Inselplattform geschaffen wurde, ist Teil des Hafengebiets von Genua.

liegenden Weingärten benannt ist. Vom romanischen Vorgängerbau blieb nur der *Campanile* erhalten. Die im 17. Jh. komplett umgebaute Kirche erhielt 1842 eine repräsentative Fassade mit Doppelsäulen. Hinter der Chorapsis erreicht man die Piazza Soziglia, wo die Graubündner Pasticceria *Fratelli Klainguti* (Nr. 98r) seit 1828 herrlichen Espresso und Kuchen präsentiert. Auch die stimmungsvolle Einkaufsstraße **Via Macelli di Soziglia** 37 bietet viele Genüsse und Eindrücke: Pralinen und Schokolade locken in die altehrwürdige *Confetteria Romanengo* (Nr. 74r), und die zahlreichen *Macellerie* (Metzgereien) haben wegen ihrer prunkvollen marmornen Fleischbänke aus dem 19. Jh. Berühmtheit erlangt.

Ein Abstecher führt nach links zur *Piazza Lavagna* mit einem regen Flohmarkt. Die Vicoli um die Kirche *S. Maria Maddalena* offenbaren sich heute als schickalternative Altstadtidylle. An der *Piazza delle Fontane Marose* sollte man einen Blick auf den schwarz-weiß gestreiften **Palazzo Spinola dei Marmi** 38 (1445–59) werfen. Zwischen schlanken säulengerahmten Fenstern posieren fünf Statuen, die Mitglieder der mächtigen Adelsfamilie Spinola darstellen. An der **Piazza Corvetto** 39 erhebt sich der *Palazzo Doria Spinola* (heute Präfektur). Er wurde 1541–43 als einer der ersten manieristischen Bauten der Stadt für Admiral Andrea Doria errichtet. Literaten und die Spitzen der Genueser Gesellschaft trifft man gegenüber, im seit 1876 bestehenden *Caffè Mangini* (Piazza Corvetto 3 r, Tel. 010 56 40 13, Mo geschl.), mit seiner himmlischen Auswahl an Kuchen und Torten.

Entspannende Spaziergänge lassen sich im steilen, romantischen Park der *Villetta di Negro* unternehmen. Mit künstlichen Grotten, Wasserfällen und dem Belvedere ist auf engem Raum eine grüne Oase entstanden. Hier zeigt das **Museo d'Arte Orientale Edoardo Chiossone** 40 (Tel. 010 54 22 85, www.museidigenova.it, Di–Fr 9–19, Sa/So 10–19 Uhr) die einzigartige Kollektion eines Genueser Malers, der Ende des 19. Jh. lange in Tokio lebte. Unter den über 15 000 Exponaten asiatischer Kunst befinden sich Lackarbeiten, Porzellan, Rüstungen, Malerei und Farbholzschnitte. Wer über Zeit und Kraft verfügt, kann von hier zur klassizistischen **Villa Gruber** 41 (nicht öffentlich zugänglich) hinaufsteigen und sich im stimmunsvollen Grün des weitläufigen Parks ergehen, der das Gebäude aus dem 16. Jh. umgibt.

Vom Hinterausgang des Negro-Parks gelangt man über eine typische steile *Salita* (Rampe) hinab zur **Piazza Portello** 42, wo ein großer Tunnel, die *Galleria Garibaldi*, den Verkehr schluckt. Von hier fährt rechts ein nostalgischer Lift (Tickets am Kiosk) zur *Spianata Castelletto* hinauf, einer Platzanlage mit herrlichem Ausblick. Auch eine der typischen Standseilbahnen, die *Funicolare S. Anna*, hat an der Piazza Portello ihre Talstation.

Nun biegt man in die Prunkstraße Genuas, die **Via Garibaldi** 43 (Infokiosk 12r, Tel. 010 55 72 9 03), ein. In der einst Strada Nuova getauften Straße ließen sich genuesische Adelsfamilien wie die Spinola, Pallavicino, Adorno, Grimaldi zwischen 1558 und 1720 insgesamt 13 imposante, prunkvoll ausgestattete Stadtpalais errichten. Bald trug die Straße den Beinamen *Via Aurea*, Goldene Straße, und war in ganz Europa berühmt. Kein Geringerer als Rubens gab ab 1622 ein zweibändiges Buch mit Zeichnungen und Stichen der *Palazzi di Genova* heraus. Die Paläste zählen seit 2006 zum UNESCO Weltkulturerbe und sind als **Musei di Strada Nuova** zu besichtigen:

Außerordentlich beeindruckend ist die 122 m breite Säulenfront des **Palazzo Doria Tursi** 44 (Via Garibaldi 9, Tel. 010 55 72 1 93, www.museidigenovai.it, Di–Fr 9–19, Sa/So 10–19 Uhr). Der Komplex wurde ab 1565 samt zwei großen wunderbaren Gärten von Domenico und Giovanni Ponzello für den Privatbankier Philipps II., *Nicolò Grimaldi*, errichtet, den man wegen seines Reichtums *Il Monarca* nannte. Im Inneren wird des begnadeten Geigers *Niccolò Paganini* (1782–1840) gedacht, der in Genua geboren wurde. Ansonsten sind in den bombastischen Sälen ligurische Keramik, Möbel, antike Münzen sowie einige Gemälde ausgestellt, die zur Sammlung des Palazzo Bianco (s. u.) gehören.

Ein Juwel ist auch der angrenzende **Palazzo Lomellino** 45 (Via Garibaldi 7 a, Mob. 393 82 46 228, www.palazzolomellino.org, 1. Sa im Monat 10–18 Uhr sowie auf Voranmeldung für Gruppen). Bei seiner

An der Prachtstraße Via Garibaldi ließen sich Genueser Adelsfamilien im 16. bis 18. Jh. ihre opulenten Stadtpalais errichten

Restaurierung 2002 wurden entzückende Deckenfresken von Bernardo Strozzi aus dem frühen 17. Jh. wiederentdeckt, die es zu goutieren gilt.

Im *Palazzo Rosso* mit seiner roten Fassade, 1671 von dem lombardischen Baumeister Pietro Antonio Corradi für die Familie Brignole-Sale gebaut und von dieser 1874 der Stadt gestiftet, befindet sich die hochrangige **Galleria di Palazzo Rosso** 46 (Via Garibaldi 18, Tel. 01025574972, www.museidigenova.it, Di–Fr 9–19, Sa/So 10–19 Uhr). Die Prunkräume begeistern mit überaus wertvollen Gemälden von Dürer, Veronese, van Dyck, Guercino, Paris Bordone, Guido Reni und Bernardo Strozzi, dem bedeutendsten Talent der genuesischen Barockmalerei.

Nicht minder gut bestückt ist die **Galleria di Palazzo Bianco** 47 (Via Garibaldi 11, Tel. 0105572193, www.museidigenova.it, Di–Fr 9–19, Sa/So 10–19 Uhr). Der um 1540 von den Grimaldis, der zweitreichsten Familie Genuas, begonnene Palazzo Bianco wurde erst 1712, als die Brignole-Sale ihn als Pfand erwarben, umgebaut und zur Strada Nuova hin ausgerichtet. Im Vestibül sind zwei Götterstatuen des Franzosen Pierre Franqueville aufgestellt: Jupiter und der doppelköpfige Schutzgott Janus, der als Namenspatron Genuas galt. Zu den hochkarätigen Beständen der Sammlung gehören Arbeiten europäischer Künstler des 15.–18. Jh., darunter Spitzenwerke von Filippino Lippi, Memling, Gerard David, Veronese, Caravaggio, Strozzi, Cambiaso, Rubens, van Dyck und Murillo.

Reise-Video: Strade Nuove (Genua)
QR-Code scannen [s. S. 5] oder dem Link folgen: www.adac.de/rfo267

Über die Piazza della Meridiana und die Via Cairoli gelangt man zum **Largo della**

Nationalheld Garibaldi – er war dem Ernst der Lage gewachsen

Helden des Risorgimento

Das kleine Ligurien hat bei der Entstehung der italienischen Nation im 19. Jh. eine große Rolle gespielt. Schon der Anschluss Liguriens an das savoyische Königreich Sardinien-Piemont 1815 war zukunftsweisend, da dadurch dieser französisch bestimmte Staat eine italienische Majorität und ein bürgerlich-demokratisches Element gewann.

Zum Promotor der Einigung (Risorgimento) wurde der aus der Carbonari-Bewegung hervorgegangene **Giuseppe Mazzini** (1805–1872) aus Genua. 1831 gründete er in Marseille den republikanischen **Geheimbund** Giovine Italia (Junges Italien). Weitere Stationen seiner Emigration waren Bern und London. 1848 kehrte er während der Revolution nach Italien zurück und wurde einer der Anführer der römischen Republik, die den Papst vertrieben hatten. 1849 musste Mazzini wieder nach London fliehen, wo er mit ungarischen, deutschen und französischen Patrioten ein demokratisches Komitee gründete, eine Art Vorläufer der Ersten Sozialistischen Internationale. Als strikter Republikaner wurde er selbst im neuen **Königreich Italien** verfolgt, konnte aber 1870 inkognito an der Eroberung Roms teilnehmen.

Erfolgreicher und kompromissbereiter war **Giuseppe Garibaldi** (1807–1882), der als italienischer Nationalheld verehrt wird. Der Mann aus Nizza hatte früh die Seefahrt gewählt und war am Schwarzen Meer dem Giovine Italia beigetreten. Auch er musste 1834 fliehen und lebte bis 1848 in Argentinien. Dann kehrte er zurück, um während der Revolution die Verteidigung Roms zu leiten (›Held der zwei Welten‹). Nach Ausrufung der Republik 1849 kämpfte er gegen die Franzosen. Im Jahr1860 eroberte er mit den **Mille** – 1000 in Rothemden gekleideten Partisanen – das bourbonische Sizilien und Süditalien. Er stimmte aber gleichzeitig Graf Cavours Monarchie-Plänen zu. Garibaldi, der alte Kämpe, der zunehmend politisch ins Hintertreffen geriet, versuchte 1870, Frankreich gegen Bismarck beizustehen. Er starb 1882 auf der Insel Caprera vor Sardinien.

Der Palazzo Reale, ein königlicher Rahmen für die Kunst – Blick von der Gartenterrasse mit dem schönen Kieselmosaikboden aus Tiermotiven auf den Ehrenhof

Zecca 48. Die alte Staatsmünze wurde 1927 abgerissen, um Platz für die Galleria Garibaldi zu machen. Von der Piazza verkehrt eine Zahnradbahn *Funicolare Zecca-Righi* auf den **Righi** (302 m), der wegen seiner schönen Aussicht nach der Schweizer Touristenattraktion benannt ist. Hier oben kann man sich bei ausgedehnten Wanderungen auch einen guten Überblick über den Ring von Festungen verschaffen, die als Verstärkung der 12 km langen *Stadtmauer* (17. Jh.) im 19. Jh. errichtet wurden [s. S. 35].

TOP TIPP

Vom Largo führt ein Abstecher auf der steilen Via Brignole zum **Albergo dei Poveri** 49. Dieses Armenhaus, ein Riesenkomplex mit vier Innenhöfen, wurde nach der Pestepidemie 1656 auf Initiative von Emanuele Brignole ins Leben gerufen und in rund 40 Jahren Bauzeit bis auf den Westflügel (19. Jh.) vollendet. Die vornehmsten Familien der Stadt beteiligten sich an der Finanzierung der Anlage, die bis zu 2600 Personen aufnehmen konnte. Sozialhistorisch ist dieses Armenhaus ein hochinteressantes Beispiel privater, halbstaatlicher Wohlfahrt, das Parallelen in französischen und englischen Veteranenheimen findet und achtzig Jahre später von den neapolitanischen Königen nachgeahmt wurde.

Die **Via Balbi** 50 zählt zu den Prachtstraßen, die der genuesische Adel ab dem 16. Jh. anlegen ließ. Der *Palazzo Balbi-Durazzo* diente 1817–1922 als Stadtresidenz des Hauses Savoyen und trägt seitdem den Namen **Palazzo Reale** 51 (Via Balbi 10, Tel. 01 02 71 02 36, www.palazzorealegenova.it, Di/Mi 9–13.30, Do–So 9–19 Uhr, Anfahrt auch mit der Fregata Argo vom Acquario di Genova). Der 1650 von *Angelo Falcone* begonnene und 1705 von *Carlo Fontana* erweiterte Bau enthält eine interessante *Gemäldegalerie* mit Werken des 17.–19. Jh., darunter Arbeiten von Tintoretto, van Dyck und Strozzi, die in den üppig dekorierten Sälen vorgeführt werden. Höhepunkt der Ausstattung ist der grandiose *Spiegelsaal* (17./18. Jh.) mit seinen Kristalllüstern, Vasen, üppigem Stuckdekor und fulminanten Deckenmalereien.

Nebenan lohnt ein Blick ins Foyer des **Palazzo dell'Università** 52, der ursprünglich als Jesuitenkolleg 1634–36 von Bartolomeo Bianco aus Como erbaut wurde. Das 1704 ausgeführte *Treppenhaus* gehört zu den gelungensten Beispielen dieses Genueser Bautyps.

Mit großartigem Ausblick hoch über Genua liegt das neogotische **Castello d'Albertis – Museo delle Culture del Mondo** 53 (Tel. 01 02 72 38 20, www.

museodigenova.it, April–Sept. Di–Fr 10–18, Sa/So 10–19, Okt.–März Di–Fr 10–17, Sa/So 10–18 Uhr), das eine reiche ethnographische und archäologische Sammlung präsentiert und die fantasievoll eingerichteten Privatgemächer von *Capitano Anrico Alberto d'Albertis* (1846–1932) zugänglich macht. Der Kapitän brachte von seinen Reisen nach Afrika, Amerika und in den Pazifik exotische und fantastische Zeugnisse fremder Kulturen mit, mit welchen er das Museum begründete. Inzwischen wurden die Bestände durch die Sammlung präkolumbianischer Indianerkulturen erweitert, die früher in der Villa Gruber zu sehen waren.

Gleich hinter der Stazione Principe, eingezwängt zwischen Gleisen, Hafenanlagen und Schnellstraßen, liegt einer der schönsten Stadtpaläste Genuas: Der **Palazzo del Principe** 54 (Tel. 010 25 55 09, www.dopart.it/genova, tgl. 10–18 Uhr, auch Kombitickets mit Museen im Porto Antico) wurde 1521–29 für *Andrea Doria* errichtet

Der malende Priester von Genua

Bernardo Strozzi (1581–1644), das größte Talent der genuesischen Barockmalerei, wusste souverän mit den Stilen und Moden seiner Zeit umzugehen, ohne seine eigene kraftvoll-koloristische Pinselführung zu verleugnen. Der Maler mit dem Beinamen ›Il prete genovese‹ (der genuesische Priester) verarbeitete **Vorbilder** von Anthonis van Dyck bis Michelangelo da Caravaggio, von der toskanischen Tafelmalerei und dem Urbinaten Federigo Barocci bis zu flämischen Genreszenen. Er schuf seinen eigenen üppigen **Figurenstil** mit rubensschen Anklängen und intensiver Farbigkeit. Bernardo Strozzi war für die Handelsstadt Genua der bedeutendste Vertreter prunkvoller Malerei im Goldenen Zeitalter des Seicento (17. Jh.).

Bei der Themenwahl bevorzugte Strozzi den großen religiösen Affekt. Tatsächlich war er zunächst Mönch und ab 1610 **Weltpriester**. In diesem Jahr hatte er das Kloster S. Barbara in Genua verlassen, um seine Mutter unterstützen zu können. Als er sich 1630 in **Venedig** niederließ, galt er vielen bereits als der größte Maler seiner Zeit. Der virtuose Umgang mit Lichteffekten ließ ihn in seinem venezianischen Spätwerk zu einem großen Wegbereiter der Malerei des 18. Jh. werden.

Der Flame unter den Italienern – Bernardo Strozzi malte die kecke ›Geflügel rupfende Köchin‹, eines der Meisterwerke der Galleria di Palazzo Rosso

Die charmante Aura der Renaissance entfaltet sich im Garten des Palazzo del Principe

und ist daher auch unter der Bezeichnung *Palazzo Doria Pamphili* bekannt. Zu dem weitläufigen, 130 m langen Komplex, der eines Königs würdig gewesen wäre, gehörte ein eigener Hafen für die Schiffe des mächtigen Admirals. Den großen *Brunnen* (1599–1601) im Renaissancegarten krönt eine Statue des Meeresgottes Neptun. Die *Säle*, in denen illustre Gäste wie Kaiser Karl V. und der spanische König Philipp II. empfangen wurden, malten der Raffael-Schüler *Perino del Vaga* und seine Mitarbeiter 1529–33 mit Szenen aus der römischen Geschichte und Mythologie aus. Der ›Sturz der Giganten‹ im zentralen Salone Principale etwa preist die Siege Karls V. Die privaten Gemächer von Andrea und Peretta Doria wiederum sind mit amourösen Szenen nach Ovids ›Metamorphosen‹ dekoriert. Zusätzlich sind die Decken und Wände reich mit Stuck sowie Tapisserien und wertvollen Gemälden geschmückt.

Vis-à-vis, am **Ponte dei Mille** 55, befindet sich die Stazione Marittima (1930), eines der Terminals für Fährschiffe nach Korsika, Sizilien, Alexandria etc. Hinter dem Palazzo del Principe führt eine Zahnradbahn, *Funicolare di Granarolo*, auf den Hügel Granarolo, der ein großartiges Genua-Panorama bietet.

Ausflüge

Die Vororte Genuas, Pegli [Nr. 23], Nervi [Nr. 2] und Acquasanta [Nr. 24], werden im weiteren Verlauf des Reiseführers behandelt. Für Autofahrer, die Genua von oben erleben wollen, ist eine Fahrt entlang der **Strada delle Mura** lohnend, die innerhalb der Stadtmauer des 17. Jh. verläuft. Neben spektakulären Ausblicken kann man hier die Villenkultur der Zeit um 1900 studieren, wie sie sich z. B. in den Bauten des Florentiners Gino Coppedè (Castello Mackenzie, Via Cabella) manifestiert.

Eine weitere Hauptsehenswürdigkeit, der **Cimitero di Staglieno** (Übersichtsplan mit Position der Grabstätten am Eingang), liegt 3 km nördlich vom Zentrum im Bisagno-Tal (Busverbindung von der Stazione Brignole). In der riesigen, terrassierten Friedhofsanlage, die 1844–51 von Carlo Barabino angelegt wurde, hat das Genueser Bürgertum mit aufwendigen Grabmonumenten seiner Verstorbenen gedacht. Im *Boschetto dei Mille* (Hain der Tausend) liegt der berühmte Freiheitskämpfer Giuseppe Mazzini bestattet. Auch die Gräber von Oscar Wildes Gattin Constance Mary und der Brezelverkäuferin *Caterina Campodonico*, die für ihre spitzenverzierte Statue ein Leben lang

Pompe funèbre einer Bankiersstadt – Grabmäler auf dem Friedhof von Staglieno

eisern gespart hatte, ziehen zahlreiche Besucher an.

i Praktische Hinweise

Information

IAT Palazzo delle Torrette, Via Garibaldio 12, Tel. 01 05 57 28 74,
IAT Porto Antico, Piazza Caricamento, Tel. 01 05 57 42 00,
IAT de Ferrari, Largo Pertini 13, Tel. 01 08 60 61 22, www.visitgenova.it

Card Musei di Genova: Bei der Touristeninformation, in Museen und online (www.happyticket.it) erhält man die Card Musei, die für 48 Std. freien Eintritt zu 22 Museen in Genua und Nervi sowie Ermäßigungen beim Besuch des Acquario beinhaltet. Die Card Musei+Bus ermöglicht außerdem die Nutzung der öffentlichen Verkehrsmittel.

Flughafen

Aeroporto di Genova Cristoforo Colombo, Tel. 01 06 01 51, www.airport.genova.it, Cornigliano, 8 km westlich. AMT-Volabus zur Stazione Principe.

Hafen

Stazioni Marittime, Ponte dei Mille, Genua, Tel. 01 00 89 83 00, www.stazionimarittimegenova.com. Fährterminals: Calata Chiappella, Ponte Caracciolo und Ponte Colombo (nach Sardinien, Sizilien, Korsika, Tunesien und Barcelona). Kreuzfahrtterminals: Ponte dei Mille und Ponte Andrea Doria.

Bahnhöfe

Stazione Principe, Piazza Acquaverde 4, Genua (Züge nach Westen, Norden),

Stazione Brignole, Piazza Verdi 1, Genua (Züge nach Osten), Tel. 01 02 74 25 475

Öffentliche Verkehrsmittel

AMT, Via Bobbio 250 r, Genua, Tel. 01 05 58 24 14, www.amt.genova.it. Busse, Aufzüge, Zahnradbahnen und Metro. Tickets an Kiosken, in Tabacchi u. Ä.

Hotels

****Locanda di Palazzo Cicala**, Piazza San Lorenzo 16, Genua, Tel. 01 02 51 88 24, www.palazzocicala.it. Hotel in einem alten Palazzo bei der Cattedrale mit 9 schicken Designerzimmern.

****Il Giardino di Alberto**, Via Oreste de Gaspari 19c, Genua, Tel. 01 03 66 276, www.ilgiardinodialbaro.it. Liberty-Villa im Ortsteil Boccadasse, nahe Uferpromenade und kleinem Hafen.

***Boccascena**, Via Carlo Barabino 62 r, Genua, Tel. 01 05 74 00 06, www.hotelboccascena.it. Freundliches kleines Hotel nahe der Stazione Brignole und eines Strandbads.

TOP TIPP **Miramare da Camilla**, Via Pagano Doria 1/10B, Genua, Tel. 01 08 60 14 98, www.miramaredacamilla.net. Bed & Breakfast mit Hafenpanorama im noblen Ambiente eines ehem. Jugendstilhotels.

Jugendherberge

Ostello Genova, Via Costanzi 120, Genua, Tel. 01 02 42 24 57, www.ostellogenova.it. 210 Betten, in Oregina (Oberstadt).

Restaurants

Antica Friggitoria Carega, Via Sottoripa 113, Genua, Tel. 01 02 47 06 17. Seit 1942 Farinata und frittierter Fisch. Uriger Imbiss.

BabyBar al 3 Rosso, Via Fossatello 3 r, Genua, Tel. 01 02 46 31 92. Kinderfreundliches Spielcafé in der Altstadt. Gute *Tramezzini* (So geschl.).

Ausklang der Stadterkundung: Freiluftcafé im modernen Hafenambiente des Porto Antico

Baccicin du Carü, Via Fado 115, Mele, Tel. 010 63 18 04. An der Bahnstation Mele Richtung Ovada. Eigene Weine und eine legendäre *Cima alla genovese*.

I Tre Merli, Calata Cattaneo 17, Genua, Tel. 010 246 44 16, www.itremerli.it. *Enoteca* nahe der Via Garibaldi mit Imbiss und Musik bis 2 Uhr nachts (So geschl.).

Le Cantine Squarciafico, Piazza Invrea 3 r, Genua, Tel. 010 247 08 23. Ligurische Schmankerl und erlesene Weine in einem bei jungen Leuten beliebten historischen Kellerlokal.

Jamila, Via dei Giustiniani 11–13, Genua, Tel. 010 248 13 29. Köstliche senegalesische Fischfrikadellen und Ingwerbier bis nach Mitternacht.

Pintori, Via S. Bernardo 68 r, Genua, Tel. 010 275 75 07. Versteckte sardische Trattoria mit anspruchsvoller Weinauswahl (So, Mo geschl.).

Sa Pesta, Via Giustiniani 16r, Genua, Tel. 010 246 83 36. In der traditionsreichen Trattoria genießt man Kichererbsenfladen, gefüllte Kalbsbrust und Stockfisch (So und abends geschl.).

TOP TIPP **Trattoria Franca**, Vico della Lepre 4/8/10 r, Genua, Tel. 010 247 44 73. Hier treffen sich Feinschmecker: Frischer Fisch zu edlen Weinen in schöner Altstadtlage (So/Mo geschl.).

Vegia Zena, Vico del Serriglio 13/15 r, Genua, Tel. 010 251 33 32. Solide Fischtrattoria in Hafennähe (Mo geschl.).

Buon appetito a Genova – die Trattoria Franca pflegt exquisite Küche und Gemütlichkeit

Riviera di Levante – Badefreuden bei aufgehender Sonne

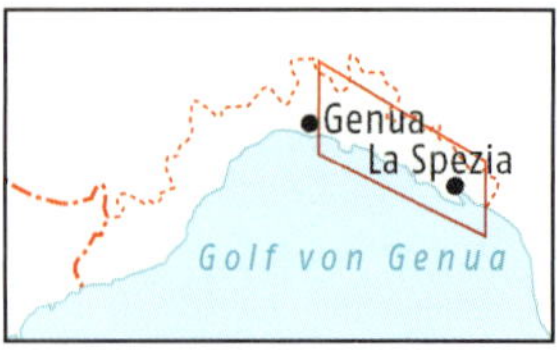

Die ›Küste der aufgehenden Sonne‹, jenes Segment des ligurischen ›Regenbogens‹ (*arcobaleno*) zwischen Genua und der toskanischen Versilia, schillert bunt und vielfältig. Da schließt sich zunächst an die *Superba* Genua die Perlenkette der Villen- und Nobelorte an: vom eingemeindeten **Nervi** bis zu den Traumzielen **San Fruttuoso** und **Rapallo**, eingeschmiegt in Naturhäfen am »Gebirge von Portofino, dort, wo die Bucht von Genua ihre Melodie zu Ende singt« (Friedrich Nietzsche). Östlich davon leitet der *Tigullische* Golf zu den behäbigen Uferstädten in den schmalen Schwemmlandebenen über. Spaziergänge unter den Lauben von **Chiavari**, Baden in **Sestri Levante** oder ein Abstecher zu den Schiefersteinbrüchen von Fontanabuona. Dann werden die Küsten steil, die Straßen schwierig: Die **Cinque Terre** kündigen sich an, raues Fischer- und Winzerbiotop in mühseliger Steillage, autofreies Wanderparadies. Als Schlussakkord an der weiten Bucht des Marinehafens **La Spezia** noch einmal der geballte Zauber der ligurischen Küste: **Portovenere** und **Lerici** sind der rechte Platz für süßes Nichtstun und Fischessen vor bonbonbunten Häusern. Sarzana und Luni bedeuten – kulturell und landschaftlich – zugleich Abschied von Ligurien und Hinwendung zur Toskana.

2 Nervi

Die längste Kurpromenade der Riviera.

Der hübsche Villenort Nervi bildet seit seiner Eingemeindung 1926 eine der *delegazioni* von Groß-Genua. Berühmt ist ihre 2 km lange, teils auf Stelzen über der Felsküste verlaufende Uferpromenade **Passeggiata Anita Garibaldi**, die von herrlichen Parkanlagen gesäumt wird. Sie trägt den Namen der argentinischen Gattin des Freiheitskämpfers Giuseppe Garibaldi.

In der Mitte der Promenade, oberhalb eines Küstenwachturms, steht die gleichnamige **Villa Gropallo** (18. Jh.), in deren Garten früher das Internationale Ballettfestival stattfand. Die östlich angrenzende **Villa Saluzzo Serra** (18. Jh.) beherbergt die **Galleria d'Arte Moderna** (GAM, Via Capolungo 3, Tel. 01037260 25, www.museidigenova.it, Di–So 10–18 Uhr) mit einer bedeutenden Sammlung italienischer Gemälde des 19.–21. Jh. Gleich um die Ecke lädt die **Wolfsoniana** (Via Serra Gropallo 4, Tel. 0103231329, www.wolfsoniana.it, Mi–So 10–18 Uhr) mit Möbeln, Glas, Ge-

Verlockung für Flaneure: Nervis Passeggiata Anita Garibaldi

mälden und Skulpturen aus den Jahren 1880–1945 zu einem Besuch ein. In der eleganten **Villa Grimaldi Fassio** (das monegassische Herrscherhaus Grimaldi stammt von genuesischem Adel ab) ist die Sammlung **Raccolte Frugone** (Via Capolungo 9, Tel. 010 322396, www.museidigenova.it, Di–Fr 9–19, Sa/So 10–19 Uhr) untergebracht. Höhepunkte sind Gemälde Giovanni Segantinis, Telemaco Signorinis und Giovanni Boldinis (›Miss Bell‹).

In herrlicher Panoramalage oberhalb des Capo S. Ilario am östlichen Ende der Passeggiata liegt der um 1900 entstandene Villenbau des **Museo Giannettino Luxoro** (Via Mafalda di Savoia 3, Tel. 010 322673, www.museidigenova.it, Di–Fr 9–13, Sa 10–13 Uhr). Neben zwei Werken Alessandro Magnascos (1667–1749), des genialsten aller Genueser Maler, sind Möbel und Keramik des 17./18. Jh. zu bewundern.

Am anderen Ende der Promenade lohnt der pittoreske **Fischerhafen** mit seinen bunten Booten einen Blick. Der benachbarte Swimmingpool weist darauf hin, dass das Meer nahe der Großstadt keine ungetrübten Badefreuden zulässt.

Die mittelalterliche (sog. römische) Brücke über den Nervifluss führt in die kleine Altstadt, an deren Nordrand die barockisierte Kirche **San Siro** steht. Die Fassade aus dem 13. Jh. wurde 1959 wieder freigelegt. Im Inneren sieht man ein Tafelbild des Titelheiligen von 1520.

Ein paar Schritte weiter gelangt man zur Piazza Pittaluga, von der aus der Prachtkorso **Via delle Palme** zum Bahnhof führt. Die ihn säumenden Villen und Hotels stammen großenteils aus der Wende vom 19. Jh. zum 20. Jh., als Nervi zu den mondänsten Winterfrischen der italienischen Riviera zählte.

Die östlichen Fischerbuchten **Bogliasco** und **Sori** bieten an den Wochenenden, wenn die Genuesen zum Fischessen herkommen, untouristische Atmosphäre.

i Praktische Hinweise

Hotel

*** **Esperia**, Via Val Cismon 1, Nervi, Tel. 010 321777, www.hotelesperia.it Wohnen im Park unter Palmen.

Restaurant

Olindo, Via Provana di Leyni 17 r, Nervi, Tel. 010 3728205. Die beste Fischtrattoria am Hafen (Di geschl.).

Badespaß mit Hochhauscharme – die steil aufragenden Fassaden einstiger Kapitänshäuser säumen den Strand von Camogli

3 Camogli

Seerepublik mit Fischerhochhäusern und malerischer Hafenpromenade.

Punta Chiappa – Recco – Uscio

Unter der Fülle malerischer ligurischer Seestädtchen setzt Camogli, die ›Stadt der 1000 Segel‹, einen besonders reizvollen Akzent. Denn hier, wo die einheimischen Reeder noch 1856 doppelt so viele Schiffe wie ihre Hamburger Kollegen ausrüsteten, wuchsen auch die schmalen mittelalterlichen Fischerhäuser am Strand bis auf acht Stockwerke an. Eine eindrucksvolle **Skyline**, die man am besten von See aus betrachtet: Die Rosa-, Orange- und Gelbtöne der Fassaden, gegliedert durch grüne quadratische Fensterläden, türmen sich zu einer fast kubistisch wirkenden Stadtlandschaft auf, vor der auf einer Felsknolle das *Castel Dragone* (12. Jh.) wacht.

Geschichte Die Handelsstadt Camogli stand das ganze Mittelalter im Schatten Genuas. Doch die ›Goldenen Jahrhunderte‹ kamen: Im 18. und 19. Jh., der Zeit der schnellen **Segelklipper**, waren Kapitäne und Steuerleute aus Camogli überall gesucht und vermieteten sogar ihre Kriegsschiffe an andere Nationen. 1798 stellten sie ein großes Kontingent der Napoleonischen Flotte, die in ägyptischen Gewässern bei Abukir von Admiral Nelson geschlagen wurde. Das angesehene, 1874 gegründete Marinekolleg Cristoforo Colombo setzt die nautische Tradition fort.

TOP TIPP Auch das berühmteste Fest Liguriens, die **Sagra del Pesce**, hat mit dem Meer zu tun. Am Rochustag, dem 2. Sonntag im Mai, werden in der größten Pfanne der Welt Fische frittiert und dann unter den Besuchern verteilt.

Besichtigung Ursprüngliches Ambiente mit Netzen, Fischerbooten und ausrangierten Schiffskanonen hat sich im kleinen, engen **Hafen** erhalten. Er wird vom Kastell und der klassizistischen Fassade der Kirche **S. Maria Assunta** beherrscht. Das im 12. Jh. begonnene Gotteshaus be-

Für den großen Hunger – Sagra del pesce, Fischfestessen in Camogli

sticht durch reichen Goldschmuck und üppige Gemäldeausstattung im prächtigen barockisierten Innenraum.

Das Stadtbild von Camogli entfaltet sich entlang der Fußgängerpromenade der südlichen *Palazzata*, deren breiter Kieselstrand von den schlichten Apsiden der Assunta-Kirche überragt wird. Im **Museo Marinaro Gio Bono Ferrari** (Via G. Ferrari 41, Tel. 01 85 72 90 49, www.museo marinaro.it, Mo, Do, Fr 9–12, Mi, Sa, So 9–12, 15–18 Uhr) sind Erinnerungsstücke aus der Glanzzeit der Seefahrer und Schiffsbauer von Camogli versammelt. Beim Gang durch die höher gelegenen Gassen Richtung Bahnhof entdeckt man, dass viele der Hochhäuser am Hafen hier oben einen Hinterausgang haben – in der 4. oder 5. Etage!

Ausflüge

Eine reizvolle 90-minütige Wanderung führt von Camogli entlang der Steilküste zur **Punta Chiappa** mit Fischrestaurant. Trittsichere Wanderer mit Bergerfahrung können sich von hier in weiteren 2 Std. bis nach San Fruttuoso ›durchschlagen‹. Schöne Ausflugsrestaurants findet man auch in San Rocco. Im Hotel Portofino Vetta zeigt der Besitzer eine kleine Privatsammlung mittelalterlicher Fresken.

Recco, 2 km östlich von Genua, hat beim Wiederaufbau nach dem Zweiten Weltkrieg Aussehen und Atmosphäre eingebüßt. Der Ort ist für seine *Focaccia* (*Fügassin*) berühmt, einen in Olivenöl gebackenen Fladen.

Im Hinterland liegt **Uscio** auf 361 m Höhe. Unterwegs passiert man das Glockengießerdorf *Avegno* und die 1906 gegründete *Colonia Arnaldi*, eine Sanatoriums-Siedlung mit fast englisch wirkenden Jugendstil-Pavillons aus Backstein. Auch in Uscio wird für Kirchen gearbeitet. Turmuhren aus den hiesigen Werkstätten sind ein Qualitätsbegriff. Initiiert wurde diese Kleinindustrie Anfang des 19. Jh. von deutschen Gastarbeitern.

i Praktische Hinweise

Information

IAT, Via XX Settembre 33, Camogli, Tel. 01 85 77 10 66, www.turismoinliguria.it

Hotel

******Cenobio dei Dogi**, Via Cuneo 34, Camogli, Tel. 01 85 72 41, www.cenobio.it
Nobelhotel in altrosa Herrensitz direkt am Meer, gerahmt von schönem Park mit großem Swimmingpool.

Restaurant

Bana, Via Costa di Bana 26, Ruta di Camogli, Tel. 34 78 48 23 75. Modern-rustikales Ausflugslokal in den Bergen über Camogli mit traditionsreicher Familienküche: Gemüsetorten, mit Wildkräutern gefüllte *Pansoti* (Teigtaschen) in Walnusssauce, zarteste *Bistecca* vom Kalb.

Träumen unter Palmen mit Blick auf Rapallo, die ligurische Perle am Tigullischen Golf

4 Rapallo

Die Perle des Tigullischen Golfs. Von der elitären Winterfrische über eine Pyjamaparty zum ruhigen Pensionistentreff.

San Michele di Pagana – Zoagli

Der Name Rapallo ist nach dem Ersten Weltkrieg in die deutsche Geschichte eingegangen. Ausgerechnet das damals mondäne ligurische **Seebad** wählten die beiden ›Habenichtse‹, Deutschland und die Sowjetunion, um dort 1922 durch einen Kooperationsvertrag ihre diplomatische und wirtschaftliche Isolierung zu überwinden. Zuvor hatten bereits wohlhabende Briten und Russen das windgeschützte Festungsstädtchen in einer tiefen Bucht des Tigullischen Golfs für den Wintertourismus entdeckt. In den auch von älterem Kurpublikum geschätzten Etablissements der Uferpromenade **Lungomare Vittorio Veneto** mit Musikpavillon hat sich der Charme der Belle Époque bewahrt. Von einem der Straßencafés aus kann man den nach Portofino fahrenden Booten nachsehen und den vergangenen Zeiten nachsinnen. Jenem Jahr 1550 z. B., als der tunesische Korsarenkapitän Dragut die Stadt im Handstreich genommen und die meisten Einwohner in die Sklavenlager Nordafrikas entführt hatte. Damals wurde zum Zweck der Verteidigung das **Castello** am Hafen – noch heute ein Blickfang – in weniger als einem Jahr auf einem Felsschelf errichtet.

In den **Einkaufsgassen** herrscht reges Leben: Rapallo hat schon ohne seine zahlreichen Gäste ca. 30 000 Einwohner. Eine Rapalleser Institution ist das 1920 gegründete Geschäft für Spitzen von *Emilio Gandolfi* (Tel. 018 55 02 34, www.gandolfilaces.com) auf der Piazza Cavour. Um die Piazza Garibaldi, besonders im *Vicolo dei Fondachi*, haben sich typische mittelalterliche Laubengänge erhalten.

In Richtung Bahnhof liegt die *Piazza delle Nazioni* mit dem Stadtturm von 1459. Daneben befinden sich die im 17. Jh. umgestaltete Kirche **S. Stefano** und das **Oratorio dei Bianchi** mit einer Sammlung ligurischer Prozessionskreuze. Am westlichen Ende der Uferpromenade steht die Porta delle Saline (15. Jh.). Hier überquerte die mittelalterliche **Ponte di Annibale**, die der karthagische Feldherr nach seiner Alpenüberquerung überschritten haben soll, den Boate, der seinen Lauf seitdem jedoch verändert hat.

Erholung findet man im weiten **Parco Casale** am östlichen Rand der Bucht. Hier hat sich die internationale, ausgezeichnet bestückte Ligurien-Bibliothek in der **Villa Tigullio** (19. Jh.) auch zu einem gesellschaftlichen Treffpunkt entwickelt. Sie bewahrt die Atmosphäre eines magischen Ortes, zu dessen Besuchern einst Ernest Hemingway, Gerhart Hauptmann und Ezra Pound zählten. Faszinierend sind die Exponate des im gleichen Gebäude beheimateten **Museo del Merletto** (Tel. 0185633305, Jul./Aug. Mi 16–19, Do 10–12, Fr/Sa 16–19, So 17–19 Uhr, Sep.–Juni Mi 15–18, Do 10–12, Fr/Sa 15–18, So 15–17 Uhr). Hier wird das Kunsthandwerk des Spitzenklöppelns erläutert.

Der *moderne Tourismus* Rapallos ist durch die ausgezeichneten Sportmöglichkeiten (Tennis, Golf, Reiten, Bogenschießen) geprägt. Zudem bietet sich die Stadt aufgrund ausgezeichneter Bahnverbindungen (Strecke Genua – La Spezia) als idealer *Startpunkt* für die Besichtigung der ganzen Riviera di Levante an.

Ein beliebter Ausflug führt mit der Seilbahn zur 612 m hoch gelegenen Wallfahrtskirche **Nostra Signora di Montallegro** von 1558 mit neugotischer Fassade (19. Jh.), zu der vor allem Seeleute pilgern, wie man an den nautischen Exvoti sieht.

In **San Michele di Pagana** (Richtung Santa Margherita) – heute ein Vorort Rapallos – birgt die Kirche San Michele eine ›Kreuzigung mit Heiligen‹ von Van Dyck.

Erst im 19. Jh. konnte sich der Küstenort **Zoagli** (5 km östlich) von Rapallo unabhängig machen. In der heute im Schatten der hohen Eisenbahntrasse am Ufer lebenden Gemeinde hat sich seit dem 13. Jh. ein Traditionshandwerk gehalten: Zoagli besitzt noch zwei Handwebereien für luxuriösen gemusterten *Samt* und *Seidendamast*. Und noch ein weiteres Muster ist hier sehenswert: die fantasiereiche Kieselpflasterung des Vorplatzes der Kirche San Martino.

i Praktische Hinweise

Information

IAT Rapallo, Lungomare Vittorio Veneto 7, Rapallo, Tel. 0185230346, www.turismoinliguria.it

IAT Zoagli, Via Merello 6/A, Zoagli, Tel. 0185259127 (saisonal)

Hotels

***Bandoni**, Via Marsala 24, Rapallo, Tel. 018 55 04 23. Günstig, in Jugendstilpalazzo an der Promenade.

Sognando Villa Edera, Sal. S. Giovanni 3, Rapallo, Tel. 0185260686, www.sognandovillaedera.com. Zimmer mit Golfsicht, Garten und Pool im ›Efeutraum‹ eines tierfreundlichen Agriturismo.

Restaurants

L'Arca tra gl ulivi, Sal. Pianello 17b, Rapallo, Tel. 018 55 08 90, www.arcaulivi.it Bauernhofküche mit eigenen Produkten (nur Abendmenüs auf Vorbestellung).

Den Seebad-Charme der Belle-Époque bewahrt Rapallos Lungomare Vittorio Veneto

La Goletta, Via Magenta 28, Rapallo, Tel. 01 85 23 06 36. Feine Fischgerichte in sachlich-nautischem Ambiente zu maßvollen Preisen (Mo geschl.).

Trattoria Quaranta, Via Mameli 61, Rapallo, Tel. 01 85 27 13 92. Schlichte Familientrattoria (So geschl.).

5 Santa Margherita Ligure

Feine Adresse und Ankerplatz für Jachten.

San Lorenzo della Costa – Parco Naturale di Portofino

Ein herrlicher Rundblick auf Rapallo und den Tigullischen Golf, die Mastenwälder der Segeljachten, Hotelpaläste der Belle Époque und die offene Fischmarkthalle an der langen, palmengesäumten Strandpromenade: Das leicht verstädterte und angenehm lebendige Santa Margherita Ligure ist mehr als nur der erschwinglichere Vorposten von Portofino. Verkehrsmäßig gut angebunden, eignet es sich durchaus als Standquartier – mit Ausflugsmöglichkeiten nach Genua und Wanderexkursionen im Naturschutzgebiet *Parco Naturale di Portofino*.

Pescino (im Norden) und **Corte** (im Süden) heißen die beiden historischen Ortskerne, die 1813 als Porto Napoleone vereint wurden. Erst 1863 erhielten sie ihre heutigen Namen. Das Ortsbild Santa Margheritas wird von dem weiten, von Palmen und Zypressen beschirmten Park der ochsenblut-rot angestrichenen **Villa Durazzo** (Tel. 01 85 29 31 35, www.villadurazzo.it, Villa Juni–Sept. tgl. 9–13, 14.30–19,

Reichskanzler Josef Wirth mit Leonid Krassin und Wasiljewitsch Tschitscherin (rechts)

Pyjamaparty in Rapallo

Eigentlich schien das feudale Hotel ›Imperial Palace‹ auf dem Pagana-Hügel (der heute Santa Margherita Ligure eingemeindet ist) nicht unbedingt der passende Ort, um einen Vertrag zwischen dem durch den Ersten Weltkrieg verarmten Deutschland und der kommunistischen Sowjetunion zu schließen. Aber Diplomatie kennt eigene Regeln und die Männer, die die Isolation der beiden Außenseiterstaaten zu beenden beabsichtigten, waren durchaus weltläufige Erscheinungen. Reichskanzler **Josef Wirth** wurde von Außenminister **Walter Rathenau** begleitet, der sowjetische Außenamtschef **Georgij Wasiljewitsch Tschitscherin**, ein hochgebildeter Adliger, der in München studiert hatte, brachte den Wirtschaftsfachmann **Leonid Krassin** mit, der gerne mit seinen Erfahrungen als Siemens-Ingenieur in Deutschland renommierte.

Trotz gepflegter Strandspaziergänge in Nervi und Rapallo – hinter den Kulissen wurde hoch gepokert. Für Deutschland ging es um viel Geld – die Erlassung der **Reparationszahlungen**. Im Gegenzug versprach sich die junge Sowjetunion von der diplomatischen Anerkennung durch einen europäischen Staat große Vorteile.

Um die Verhandlungen zu beschleunigen, ließ Tschitscherin schließlich das Gerücht durchsickern, man stehe knapp vor einem Vertrag mit England, der die deutschen Reparationszahlungen einfordere – und es kam in der Nacht des 15. April 1922 zur berühmten ›Pyjamasitzung‹ von Wirth und Rathenau. Nach sechsstündiger Beratung war der Vertrag unterschriftsreif und wurde noch am 16. April 1922 unterzeichnet. Beide Staaten verzichteten auf Reparationen, erkannten sich diplomatisch an und beschlossen Meistbegünstigungsklauseln im Handel. Nur dem sozialdemokratischen Reichspräsidenten Friedrich Ebert wollte der ›Geist von Rapallo‹ nicht gefallen, er murrte, dass man sich mit ›Lumpen‹ eingelassen habe.

Einladung zum Lustwandeln unter Palmen: Park der Villa Durazzo mit Blick auf die strahlend weiße Barockfassade von San Giacomo di Corte in Santa Margherita Ligure

Okt.–Mai Di–So 9–13, 14–17 Uhr, Park Juni–Sept. tgl. 9–19, sonst bis 17 Uhr) beherrscht, in dem auch Konzerte stattfinden. Der manieristische Palast, 1560 im genuesischen Stil von Galeazzo Alessi errichtet, beherbergt heute Sommerakademien, Ausstellungen und Kongresse.

Von der hübschen Barockkirche **San Giacomo di Corte** mit weiß aufgeputzter Stuckfassade (gegenüber dem Parktor) führen Rampen hinab zum Hafen. Die kleine, gelb-weiß gestrichene Kirche **San Erasmo** mit ihrem Vorplatz erinnert fast an Kirchen der griechischen Inseln. Im Inneren erzählen Exvoti von den Nöten und Gefahren der Seefahrt und von intensiver Volksfrömmigkeit.

Im Stadtteil **Corte** dümpeln vor der weit in den Golf hinausragenden Landzunge *Calata del Porto* die Jachten an ihren Bootsstegen. Erst hinter dieser Bucht Richtung Paraggi-Portofino beginnen die Badestrände und die Kette der Nobelherbergen, die von dem legendären *Grand Hotel Miramare* (s. u.) angeführt wird.

Nordwärts Richtung **Pescino** bummelt man am Ufer entlang – vorbei an der Fischmarkthalle und einem Küstenwachtturm von 1550. Dahinter fällt die **Chiesa dei Cappuccini** durch ihre schwarz-weiß gestreifte Fassade auf. Die Marmorstatue der ›Thronenden Maria‹ mit einem verstümmelten Christusknaben gilt als provenzalische Arbeit des 12. Jh. Die palmenbestandene Uferpiazza *Martiri della Libertà* wird von dem üblichen Kolumbusstandbild geprägt. Nostalgische blaue Waagen laden die Kurgäste zur Gewichtskontrolle. Nach einem Blick auf die Hotelpaläste des Pagana-Hügels kann man noch durch die Altstadtgassen bei der Basilika **Santa Margherita d'Antiochia** bummeln. Der Barockbau von 1770 mit einer Fassade von 1876 ist zwar architektonisch eher konventionell, enthält aber einige ansprechende Gemälde der ligurischen Barockschule. Anschließend kann man im nostalgischen *Caffè Colombo* (Mo geschl.) in der Via Pescino bei einem Negroni die Eindrücke des Tages an sich vorüberziehen lassen.

Ausflüge

Das Dorf *San Lorenzo della Costa* in Kammlage gilt als Geheimtipp, weil es als einzige größere Ortschaft der Portofino-Halbinsel von den Auswüchsen des Tourismus verschont geblieben ist und solide einheimische Restaurants aufweist.

Das hohe Alter der Kirche **San Lorenzo della Costa** lässt sich an romanischen Resten ablesen, die in die moderne Fassade integriert sind. Der stuckierte barocke *Innenraum* bewahrt ein kostbares flä-

Wer braucht da noch Candlelight? Dinner vor der abendlichen Kulisse Portofinos

misches Triptychon (1499) im Stil Hans Memlings (3. Kapelle links). Der ans Kreuz geschlagene Apostel Andreas wird von den Darstellungen der ›Hochzeit von Kanaa‹ und der ›Auferweckung des Lazarus‹ flankiert. In geschlossenem Zustand zeigt das Werk Adam und Eva.

Als Ausgangspunkt für entspannende Wanderungen durch den **Parco Naturale di Portofino** und auf den *Monte di Portofino* bietet sich der Weiler **Nozarego** an (Linienbus von Piazza Martiri in Santa Margherita). Portofino selbst liegt ca. 1,5 Std., der Strand von Paraggi 1 Std. entfernt. Unterwegs kann man – zwischen Ölbäumen und Orchideen, Steineichen und Erdbeerbäumen – mit etwas Glück Perl- und Smaragdeidechsen vorbeihuschen sehen.

TOP TIPP

i Praktische Hinweise

Information

IAT, Piazza Vittorio Veneto, Santa Margherita Ligure, Tel. 01 85 28 74 85, wwwturismoinliguria.it

Hotels

*******Imperiale Palace**, Via Pagana 19, Santa Margherita Ligure, Tel. 01 85 28 89 91, www.hotelimperiale.com. Luxusquartier auf den Spuren Rathenaus und Tschitscherins, die hier den Rapallo-Vertrag unterzeichneten.

TOP TIPP ****Grand Hotel Miramare, Via Milite Ignoto 30, Santa Margherita Ligure, Tel. 01 85 28 70 13, www.grandhotelmiramare.it. Von der göttlichen Greta Garbo wie der Diva Maria Callas gleichermaßen geliebtes Luxushotel an der Strandpromenade.

**Villa Anita, Via Tigullio 10, Santa Margherita Ligure, Tel. 01 85 28 65 43, www.hotelvillaanita.com. Günstige, freundliche Pension mit Parkplatz.

Agriturismo Villa Gnocchi, Via Romana 53, San Lorenzo della Costa, Tel. 01 85 28 34 31, www.villagnocchi.it. Idyllisch gelegenes Bed&Breakfast im Bergdorf westlich von Santa Margherita Ligure, mit antik möblierten Zimmern und Olivengarten.

Restaurants

Baicin, Via Algeria 9, Santa Margherita Ligure, Tel. 01 85 28 67 63. Familienbetrieb mit bestem Preis-Leistungs-Verhältnis für frischen Fisch (Mo geschl.).

Caffè del Porto, Via Bottaro 32, Santa Margherita Ligure, Tel. 01 85 28 70 44. Schmackhafte Snacks und gute Champagnerauswahl zum Frühstück im südlichen Altstadtkern von Corte.

6 Portofino

Mondäner, malerischer Fischerhafen, am besten per Boot anzusteuern.

Portofino ist die Traumkulisse Liguriens, die Fischerbucht als Theater der Eitelkeiten. In die ochsenblutroten und ockergelben schmalen Fischerhäuser der *Palazzata*, der Hafenfassade, sind bis auf wenige Ausnahmen längst Boutiquen, American Bars und der italienische Jacht-Adel eingezogen. Angefangen hatte alles mit Montague Yeats Brown, dem britischen Konsul in Genua. Dieser hatte die genuesische Bastion *Fortezza* (Castello Brown) 1870 erworben und damit den touristischen Mythos der abgeschiedenen Bucht begründet, die in der Antike als *Portus delphini* bekannt war.

Wer mit dem Auto nach Portofino will, sollte viel Zeit haben. Denn die einzige Stichstraße von Santa Margherita Ligure ist im Sommer chronisch verstopft, elektronische Anzeigetafeln bei dem einstigen Fischer- und Mühlendorf **Paraggi** vermelden die voraussichtliche Wartezeit. Die Geduldigsten dürfen dann im vermutlich teuersten Parkhaus Italiens parken. Nerven und Geldbeutel schonende Alternativen sind die im Sommer

Himmlische Kombination nicht nur für Mönche – Abtei San Fruttuoso mit Badestrand

stündlich verkehrenden **Fährboote** oder der oft ebenfalls im Stau steckende Linienbus von Santa Margherita sowie wunderschöne Wanderwege im *Parco Naturale di Portofino*.

Auch in Portofino selbst sollte man spazierengehen: Von der rechten Uferpromenade *Calata* führen Treppen zur mittelalterlichen (im Zweiten Weltkrieg zerstörten) Kirche **San Giorgio** und einem berühmten Portofino-Panoramablick. Daneben erhebt sich das **Castello di San Giorgio** (16. Jh.), ein ehem. Lazarett, das sich der deutsche Sektkönig Baron Alfons von Mumm Ende des 19. Jh. zur Gartenvilla umgestalten ließ. An der Treppe steht auch die *Villa Carnarvon*, eine der Residenzen Lord Carnarvons, spleeniger Finanzier der Tut-Anch-Amun-Ausgrabung. 1886 war hier der spätere deutsche Kaiser Friedrich III. zu Gast.

Ein obligater Abstecher führt zum **Castello Brown** (tgl. 10–19 Uhr, im Winter nur Sa/So) inmitten eines hübschen Parks und von da in 15 Min. zum Leuchtturm von **Punta del Capo** mit weitem Blick über den Tigullischen Golf. Herrlich, doch anstrengend, ist auch die zweistündige Wanderung nach San Fruttuoso.

Reise-Video: Portofino
QR-Code scannen [s. S. 5] oder dem Link folgen: www.adac.de/rf0270

Praktische Hinweise

Information

IAT, Via Roma 35, Portofino, Tel. 01 85 26 90 24, wwwturismoinliguria.it

Hotel

********Splendido**, Salita Baratta 16, Portofino, Tel. 01 85 26 78 01, www.hotelsplendido.com. Hotel mit märchenhaften Preisen und märchenhaftem Luxus. Eigener Parkplatz.

Restaurants

Concordia, Via del Fondaco 5, Portofino, Tel. 01 85 26 92 07. Bergwärts im ›untouristischen‹ Teil Portofinos, Spaghetti mit Oliven und Scampi sowie Kraken mit Pataten kommen hier auf den Tisch (Di geschl.).

Puny, Piazza Martini Olivetta 5, Portofino, Tel. 01 85 26 90 37. Bodenständiger Luxusschauplatz. Tunfischsalami, Glasaalspaghetti, dampfgekochter Schwertfisch (Do geschl.).

7 San Fruttuoso

TOP TIPP *Badestrand mit Blick auf die Abtei der Doria.*

Die altehrwürdige **Abbazia di San Fruttuoso di Capodimonte** (Tel. 01 85 77 27 03, www.fondoambiente.it, Juni–Mitte Sept. tgl. 10–17.45, Jan./Feb. Di–So 10–15.45, März/ Okt. tgl. 10–15.45, Apr./Mai/ 15.–30. Sept. tgl.

10–16.45 Uhr), die sich in eine einsame Bucht der Portofino-Halbinsel schmiegt, gehört ebenfalls zu den absoluten Traumzielen Liguriens. Zu erreichen sind die Abtei und der winzige dazugehörige Fischerort nur mit dem Boot, auf steilen Wanderwegen oder – Zugeständnis an die Moderne und die Gäste der begehrten *Klosterkonzerte* – mit dem Helikopter. Kultur und Badefreuden lassen sich dank des kleinen **Strands** vor der Abtei angenehm verbinden.

Geschichte Die Asche des hl. Fructuosus, Märtyrer-Bischof von Tarragona, wurde von Prosper, einem seiner Nachfolger, im 8. Jh. vor der arabischen Invasion Spaniens hierher gerettet. Seinen bescheidenen Klosterbau zerstörten islamische Piraten, doch im 10. Jh. errichteten die Benediktiner ein neues **Kloster**. Mit großen Besitzungen in Genua und kaiserlichen Privilegien ausgestattet, galt San Fruttuoso als eines der reichsten Klöster Liguriens. 1275 übernahm die Familie Doria das Patronat, erbaute den (stark restaurierten) **Schautrakt** am Ufer und bestimmte San Fruttuoso zur *Grablege* ihres Geschlechts. Admiral Andrea Doria ließ 1550 den Wehrturm errichten. 1914 beschädigte eine Sturmflut den Komplex, in dem mittlerweile Fischer wohnten, schwer. Die umgreifende Restaurierung von 1933/34 stellte vor allem die Uferfassade mit den Triforienfenstern wieder her. Die Familie Doria-Pamphili trat das Kloster 1983 an den FAI (Italienischer Umweltfond) ab, der die Anlage restauriert und in ein Museum umgewandelt hat.

Besichtigung Die **Kirche,** eine dreischiffige Basilika mit Halbtonne und drei Apsiden, im 10. Jh. begonnen, wurde nach 1275 ausgebaut. Die *Fassade* ist modern. Der zweigeschossige *Miniatur-Kreuzgang*, der im 13. Jh. unter Verwendung von antiken und frühmittelalterlichen Bauteilen entstand, umfasst nicht mehr als 9 x 12 m. An seiner Südseite wurde eine achtbogige Loggia mit arabisierenden Säulchen freigelegt. Das Obergeschoss des Kreuzgangs gab einst den Blick auf die Bucht frei. In feierlich-sakraler Schwarz-Weiß-Streifung sind die auf Zwergsäulchen ruhenden Steinbaldachine der Doria-Gräber in der sich anschließenden **Krypta** gehalten. Vor dem Ausbau von San Matteo in Genua [s. S. 23] ließen sich hier 1275–1305 hohe Herren aus dieser berühmten Adelssippe bestatten: Jacopo Doria war Botschafter in Byzanz, Guglielmo im maurischen Granada und Babilano in Neapel. Nicolo und der Admiral Egidio glänzten – ebenso wie Ansaldo, der Eroberer von Almería und Tortosa – durch Waffentaten.

Für die Normalsterblichen San Fruttuosos hingegen war früher das *Seebegräbnis* üblich. Wenn heute einer der ca. 25 Bewohner das Zeitliche segnen sollte, wird er mit einer Totenbarke nach Camogli überführt. Dabei passiert das Boot den *Cristo degli abissi*, eine kolossale Bronzestatue, die 1954 unter Wasser am Eingang der Bucht verankert wurde.

In der Krypta der Abbazia di San Fruttuoso ruhen die adeligen Gebeine der Doria

Praktische Hinweise

Bootsverbindungen

Trasporto Golfo Paradiso, Via Scalo 3, Camogli, Tel. 01 85 77 20 91, www.golfo paradiso.it (ganzjährig von Camogli nach San Fruttuoso)

Servizio Marittimo del Tigullio, Santa Margherita Ligure, Tel. 01 85 28 46 70, www.traghettiportofino.it (von Portofino und Rapallo in den Sommermonaten)

Hotel

*__Da Giovanni__, San Fruttuoso, Tel. 01 85 77 00 47. Einziger Albergo am Platz, schlicht, preisgünstig und lange im Voraus ausgebucht (geöffnet Juni–Sept.).

Restaurant

La Cantina, San Fruttuoso, Tel. 01 85 77 26 26. Rustikale Fischertrattoria mit Bollerofen.

8 Chiavari

Altstadt der Laubengänge und modernes Seebad.

Borzonasca – Borzone – Santo Stefano d'Aveto

Wer auf der breiten, gesichtslosen Uferstraße, entlang des riesigen Jachthafens und des obligatorischen Kolumbusdenkmals, am Ortskern vorbeifährt, verpasst viel. Denn trotz seiner knapp 28 000 Einwohner: Chiavari ist im **Centro Storico** mit seinen schattigen Laubengängen (*Carrugi*), seinen bunten Märkten und seinen alteingesessenen Osterien eine der ursprünglichsten und reizvollsten Städte Liguriens geblieben. Hier findet man noch Traditionshandwerk wie die *Campanino*-Stühle mit handgeflochtener Sitzfläche und *Spitze* in der aus dem Orient entlehnten Makramee-Knüpftechnik.

Geschichte Der alte Borgo wurde im 12. Jh. als Grenzfestung durch genuesische Konsuln ausgebaut und wuchs bald zum bedeutendsten Zentrum der Riviera di Levante heran. Seit 1332 war Chiavari Vikariatssitz und erhielt 1646 als erste Siedlung Ost-Liguriens das Stadtrecht. Im 18. Jh. florierten Möbelmanufakturen und der Schieferhandel. Im Jahr 1805 wurde Chiavari sogar Hauptstadt des napoleonischen Départements Appenninen und war anschließend auch im Königreich Sardinien-Piemont Provinzkapitale (1817–59). In der jüngeren Vergangenheit ist die Stadt stark gewachsen: Investierten um 1900 vornehmlich reiche, nach Südamerika ausgewanderte Kapitäne, so wird heute ein Drittel der Wohnungen von Italienern als Feriensitz genutzt.

Besichtigung Ausgangspunkt ist die Kolumbusstatue am Hafenkorso (auf dem Hafengelände großer Parkplatz). Unter der Eisenbahn schlendert man über den Corso Garibaldi bis zur Piazza Matteotti mit einer Garibaldistatue. Die Barockkirche **San Francesco** wird für Kunstausstellungen genutzt. Links entdeckt man an einem barocken Prunktor das Bild der *Madonna dell'Orto*, das von Marmorputti getragen wird.

Der benachbarte blockartige **Palazzo Costaguta-Rocca**, 1626 von Bartolomeo Bianco begonnen, ist eines der frühesten Beispiele für die ligurische Fassadenmalerei mit Scheinarchitektur. Er enthält zwei Sammlungen. Im Erdgeschoss dokumentiert das kleine **Museo Archeologico** (Di–Sa sowie 2. und 4. So des Monats 9–13.30 Uhr) die Ausgrabung einer vorrömischen Nekropole der Tigullier (8.–7. Jh. v. Chr.) mit interessanten Grabbeigaben. Die **Pinacoteca Civica** (tgl. 10.30–13.30, Do–So auch 15.30–18.30 Uhr) im 1. Stock sollte man wegen der genuesischen Barockgemälde und auch der Einrichtung, u. a. mit fein gedrechselten *Campanino*-Stühlen, anschauen.

Nach einer Pause im *Gran Caffè Defilla* (Piazza Garibaldi) strebt man auf der Via Ravaschieri nach links zur Piazza Fenice. Sie wird vom ›Palast der schwarzen Lauben‹, **Palazzo dei Portici Neri**, aus dem 13. Jh. dominiert. Die freigelegten, ungewöhnlich hohen und bossierten Erdgeschossarkaden deuten auf einen Ursprung als Adelshaus. Rechts bergauf findet man den Eingang zur romantischen Villa Comunale (Stadtpark), die einst zum Palazzo Costaguta-Rocca gehörte. Dann geht es in die regelmäßigen Fluchten der niedrigen, von stämmigen Säulen flankierten mittelalterlichen Gassen mit ihren Laubengängen. Besonders schön ist der alte **Carrugio dritto**, die Via Martiri. TOP TIPP Über kurz oder lang landet man auf der belebten **Piazza Mazzini**. Hier, vor der historistischen Fassade des Palazzo della Giustizia (1886) – errichtet über der geschleiften **Cittadella**, von der der hintere Zinnenturm blieb – spielt sich vormittags ein farbenfroher *Obst-* und *Gemüsemarkt* ab.

Ein Füllhorn bunter Vitamine präsentiert der Markt auf der Piazza Mazzini von Chiavari

Rechts neben dem Palazzo Torriglia (17. Jh.) erinnert der Name der *Via dei Remolari* daran, dass hier einst die Werkstätten der Rudermacher waren.

Hinter der Cittadella öffnet sich ein weiter Platz auf die klassizistische Säulenvorhalle, die 1841–1907 der **Cattedrale Nostra Signora dell'Orto** vorgeblendet wurde. Der stuckgeschmückte vergoldete *Innenraum* entstammt hingegen noch im Wesentlichen der Zeit der Erbauung (1613–33). Beachtenswert ist am Hochaltar das angeblich pestheilende *Gnadenbild*, ein Fresko des einheimischen Malers Benedetto Borzone (vor 1500), das 1610 in einem Garten an der Stelle des heutigen Doms wiedergefunden wurde. Die Decken- und Apsisfresken des 19. Jh. schildern ausführlich die Schicksale dieser Ikone. Auffällig sind auch die Prozessionsgruppen des großen Genueser Holzschnitzers Antonio Maria Maragliano (1664–1741) in den beiden Querschiffen.

Nach einem Blick auf Bahnhof und *Municipio* (Rathaus) sollte man beim Zurückschlendern unbedingt noch die weit über Chiavari hinaus berühmten *Farinata* (Kichererbsenpuffer) bei *Luchin* testen.

Ausflüge

Ligurische Bergwelt unverfälscht erlebt man bei einem Abstecher nach **Borzonasca** im Sturla-Tal. Kunstgeschichtlich ist die Abtei **S. Andrea** in **Borzone**, die vor einsamer Bergkulisse ruht, Hauptanziehungspunkt. Sie wurde bereits im 7. Jh. vom apenninischen Kloster Bobbio (Emilia), das der irische Apostel Columban gegründet hatte, ins Leben gerufen. Trotz zahlreicher Umbauten im 18. und 19. Jh. blieb der romanische *Campanile* aus dem Jahr 1244 erhalten. Im Chorraum der Kirche befinden sich ein Flügelaltar mit Abbildungen von verschiedenen Heiligen (15. Jh.) und ein Schiefer-Tabernakel von 1513.

Von hier kann man sich auch gut für Bergtouren in den ganz Ligurien durchquerenden Höhenwanderweg **Via Alta** [s. S. 52] einklinken. Reizvolles Ziel ist das Aveto-Tal (www.valdaveto.net) an der Grenze zu Lombardei und Emilia Romagna. Besonders **Santo Stefano d'Aveto** (60 km von Chiavari, tgl. Linienbusverbindung), einst von Abwanderungsproblemen gezeichneter Bergbauernort in landschaftlich schöner Hochebene, hat sich in den letzten Jahren zu einem Ferienquartier alpinen Stils gemausert. Neben Wanderwegen und *Bergsteigerkursen* im *Parco Nazionale Val d'Aveto* lockt hier vor allem das winterliche *Skiangebot* mit Seilbahn, drei Schleppliften und Loipen.

Praktische Hinweise

Information

IAT Chiavari, Corso Assarotti 1, Chiavari, Tel. 01 85 32 51 98, wwwturismoinliguria.it

IAT Santo Stefano d'Aveto, Piazza del Popolo 6, Santo Stefano d'Aveto, Tel. 018 58 80 46

Höhenwanderweg Via Alta

Ein besonderes Schmankerl für einen Sporturlaub in Ligurien ist die **Via Alta**. Dieser großartige Höhenwanderweg, der in Kammlage vom Val Nervia bei Ventimiglia nahe der französischen Grenze bis zum Val di Vara nördlich von La Spezia im toskanischen Apennin führt, ist 440 km lang. Entlang der ligurischen Küste führen 44 gut ausgeschilderte Etappen über alte Passstraßen und Eselpfade von Gipfel zu Gipfel. Die Schwierigkeitsgrade der Wanderwege reichen von leicht bis hoch, extra ausgewiesene Strecken gibt es zudem für Mountainbiker und Reiter. Rund 190 Ausflugslokale, Herbergen, Bed & Breakfasts und Agriturismo-Unterkünfte bieten Labsal und Quartier. Besonders reizvolle Ziele an der Via Alta sind ausgewiesene Naturschutzreservate wie etwa der **Parco del Beigua** [s.S.80] bei Varazze, der **Parco Nazionale Val d'Aveto** nördlich von Chiavari [s.S.51] oder der **Parco di Montemarcello-Magra** bei Lerici [s.S.72].

Assoziazione Alta Via dei Monti Liguri, Via Garibaldi 4, Genua, Tel. 010 24 85 22 00, www.altaviadeimontiliguri.it

Hotel

***Hotel S. Pietro**, Corso Valparaiso 184, Chiavari, Tel. 01 85 30 76 72. Spartanische Zimmer mit Meerblick.

Restaurant

Luchin, Via Bighetti 51, Chiavari, Tel. 01 85 30 10 63, www.luchin.it Legendäre Osteria unter Lauben mit Interieur von 1907. Für die *Farinata* aus Kichererbsenmus reist man eigens an (So geschl.).

9 Lavagna

Heimat der berühmten Familie der Fieschi – und einer riesigen Torte.

Cogorno-San Salvatore

Der Bade- und Hafenort Lavagna, der für seine sauberen Strände regelmäßig die Blaue Flagge erhält (zuletzt 2009), ist praktisch mit den Vorstädten von Chiavari verwachsen. Die Entella-Mündung bildet die Gemeindegrenze. Von der wirtschaftlichen Bedeutung des Ortes als Haupthafen für die Ausfuhr von Schiefer, der im Hinterland abgebaut wird, zeugt vor allem der Name (*Lavagna* bedeutet auf italienisch Schiefertafel). Silbern schimmernde Dächer sowie dekorativer Bauschmuck an Fenstern und Türen verraten bis heute die Nutzungsvielfalt dieses Materials.

Am 14. August wird in Lavagna eines der aufwendigsten Volksfeste Liguriens gefeiert: die **Torta dei Fieschi**. Das Ritterspektakel erinnert an die Heirat Opizzo Fieschis mit der Sieneserin Bianca dei Bianchi (1230). Höhepunkt des Festes ist die Verteilung und Vertilgung einer 1400 kg schweren Gemüsetorte *(Torta)*.

Das hier heimische Adelsgeschlecht der Fieschi erlangte u.a. dadurch Berühmtheit, dass es vom 12. bis 16. Jh. Genua wiederholt Widerstand leistete. Mit der Verschwörung gegen Andrea Doria, bei der Gian Luigi Fieschi 1547 auf tragische Weise ums Leben kam [s. S. 19], war die Glanzzeit der Familie vorüber. Diese hatte vor allem eine stattliche Zahl von Kirchenmännern und -frauen hervorgebracht: 72 Kardinäle, zwei Päpste – darunter Innozenz IV., Widersacher des Stauferkaisers Friedrich II. – und nicht zu vergessen Caterina Fieschi-Adorno, die ›hl. Katharina von Genua‹.

Trotz dieser stolzen Vergangenheit enthält der verstädterte Ort wenige Se-

Imposanter Abschluss der Via Dante – Barockdom Santo Stefano in Lavagna

henswürdigkeiten. Am hübschesten ist ein Bummel durch die Altstadt-Arkaden der **Via Dante** und die Kieselmosaik-Treppe zum Barockdom **Santo Stefano**. Sehenswert sind auch die Fassadenmalereien vieler Patrizierhäuser (besonders an der Via Roma). Lebensgroße Schiefer-Skulpturen des einheimischen Künstlers Francesco Dallorso sowie eine archäologische Sammlung lokaler Funde präsentiert die **Galleria Artistica Torre del Borgo** (Mitte Jul.–Mitte Sept. Do–So 20.30–22.30 Uhr) in einem restaurierten Turm der mittelalterlichen Stadtbefestigung.

Auf Schiefer-Spuren durch das Val dell'Ardesia

Schieferabbau, Transport und Verarbeitung war für das Hinterland von **Lavagna** jahrhundertelang die Hauptverdienstquelle. So entstand eine eigene Lebensform, die **Cultura dell'ardesia** (Schieferkultur). Während die Männer in den Steinbrüchen arbeiteten und die schwierige Kunst erlernten, wenige Millimeter dünne Schieferplatten abzuspalten, transportierten die Frauen die angeblich bis zu 70 kg schweren Platten auf dem Kopf und barfuß bis zum Ausfuhrhafen Lavagna.

Der Schiefer diente nicht nur für **Tafeln** und als **Dachschindel** (ciappe; Genua ist mit Schiefer gedeckt!), sondern auch für **Fußböden** und als Werkstoff für kostbare **Reliefs**, die man immer wieder an ligurischen Portalen findet. Auch heute noch ist ligurischer Schiefer bei eingeschränkter Produktion weltweit führend – als bester Untergrund für den Filz der Billardtische. Und auch die ländliche Tradition, auf den wärmeleitenden **ciappe** Speisen zu garen, wird modern uminterpretiert. Mittlerweile kann man ganze Einbauküchen aus Schiefer erwerben.

Im Fontanabuona-Tal verbindet das Schiefer-Museum **Ecomuseo la Via dell' Ardesia** (Tel. 01 85 97 10 91, www.tuttotigullio.it, Mai–Sept. Di–So 9–12, 14–18, sonst Sa, So, Fei 10–12.30 Uhr) das Erlebnis eines einsamen Bergtals und herrlicher Natur mit dem Besuch von sechs Museumsetappen: In **Aveno** besichtigt man einen Schausteinbruch, in **Ferrada di Moconesi** (aus der Gegend kamen Kolumbus' Vorfahren) das eigentliche Museum, in **Cornia** oder **Isolona** Werkstätten, in **Chiapparino** einen Schieferladen mit reicher Produkt-Auswahl vom Kamin bis zum Briefbeschwerer und in **Cogorno** die alten Lastenwege zum Meer. Information:
Comunità Montana Fontanabuona, Piazza C. Cavagnari 7, Cicagna, Tel. 018 59 71 81, www.fontanabuona.com

Weil diese Schönheit sprachlos macht – die ›Baia del Silenzio‹ in Sestri Levante

Ausflug

Unbedingt sollte man in **Cogorno-San Salvatore** die **Basilica dei Fieschi** besuchen, die mit dem Palazzo Comitale (1252) ein eindrucksvolles mittelalterliches Ensemble bildet. Papst Innozenz IV. ließ die nur im oberen Bereich weiß gebänderte Kirche ab 1245 erbauen, sie wurde 1252 von Papst Hadrian V. vollendet. Das Lunettenfresko zeigt die beiden Fieschi-Päpste vor dem Gekreuzigten, gotisch-virtuos ist die 18-speichige Fensterrose, die von den Evangelistensymbolen flankiert wird. Der *Innenraum* mit Holzdecke und dekorierten Würfelkapitellen beeindruckt durch seine herbe Schlichtheit.

i Praktische Hinweise

Information

IAT, Piazza Torino 35, Lavagna, Tel. 01 85 39 50 70, www.turismoinliguria.it

Restaurant

Ostaia Cà da Gurpe, Cogorno-Monte San Giacomo, Tel. 01 85 38 13 55. Rustikale Trattoria im Kastanienwald in 600 m Höhe, emilianische und ligurische Schmankerl (nur Fr/Sa/So abends geöffnet).

10 Sestri Levante

Malerische Altstadt, zauberhafte Buchten.

Punta Manara – Riva Trigoso – Varese Ligure

Sestri, das antike *Segesta Tigulliorum*, mag mit seinen 19 000 Einwohnern und modernen Vororten auf den ersten Blick etwas anonym wirken. Doch die hübsche Altstadt, auf dem Isthmus der **Isola-Halbinsel** gelegen, erfreut mit zwei schönen Sandstränden. Zum Tigullischen Golf öffnet sich die breite **Baia delle Favole** (Märchenbucht), von Hans Christian Andersen auf diesen Namen getauft. Ostwärts liegt die halbkreisförmige **Baia del Silenzio** (Bucht des Schweigens) mit alten Häusern, vor denen bunte Fischerboote dümpeln. An dem kieseligen Strandstreifen genießen Badegäste im Sommer nicht nur das herrlich klare Wasser, sondern auch den unvergleichlichen Blick auf die Bucht.

TOP TIPP

Die **Piazza Matteotti** – an der engsten Stelle der Landzunge – bildet das Zentrum der *Altstadt*. Bis ins 15. Jh. verlief hier ein Kanal, der die Isola vom Festland schied. Optisch prägend ist die klassizistische Säulenfassade, die 1840 dem Barockdom **S. Maria di Nazareth** (G. B. Carlone, 1604–16) vorgeblendet wurde. Auf dem Hochaltar stellt eine Marmorgruppe (1762) Maria mit Engeln dar, die das Geburtshaus Mariens, die in Loreto verehrte Casa Santa, tragen. Hinter dem Dom führen Fußwege zur romanischen Pfarrkirche **San Nicolò all'Isola**, der mittelalterlichen Pfarrkirche (1151).

Verlockend ist auch ein Spaziergang im Park des *Grand Hotel dei Castelli*, der einen großen Teil der Halbinsel einnimmt. Dieser einsame Rundweg um die Isola gewährt herrliche Ausblicke auf die Portofino-Halbinsel. Am höchsten Punkt steht die **Torretta Marconi**, ein Turm, von dem aus der Physiker Guglielmo Marconi im Sommer 1934 die ersten Kurzwellenexperimente (Radar) durchführte.

Steigt man die Via Cappuccini hinauf, erreicht man den **Convento dei Cappuccini**, gegen Ende des 17. Jh. erbaut, mit der *Chiesa dell'Immacolata*. Gleich neben der Klosterkirche ist ganzjährig eine mittelalterliche Krippe zu bewundern. Von der

Reise-Video: Sestri Levante
QR-Code scannen [s. S. 5] oder dem Link folgen: www.adac.de/rf0283

Ochsenblutrotes Luxushotel – Villa Balbi in Sestri Levante

Terrasse bietet sich der beste Panoramablick auf die Baia del Silenzio.

Ausflüge

Wer gerne wandert, kann von hier in ca. 1,5 Std. auf einem Küstenpfad inmitten von Macchia zur **Punta Manara** im Naturschutzpark Monte Castello vordringen.

Der Vorort **Riva Trigoso**, 3 km östlich, wirbt zwar mit seinem breiten Sand-Kiesel-Strand, wird aber eher durch die *Fincantieri*-Werft, die sich auf Kriegsschiffe spezialisiert hat, geprägt. Auswanderer von hier gründeten übrigens Santa Cruz in Kalifornien.

Sestri eignet sich auch als Ausgangspunkt für eine Fahrt nach **Varese Ligure** (34 km) im Vara-Tal. Der winzige Rundborgo mit mittelalterlichen Laubengängen wurde zu einem Vorzeigedorf restauriert.

Praktische Hinweise

Information

IAT, Piazza San Antonio 10, Sestri Levante, Tel. 01 85 45 70 11, wwwturismoinliguria.it

Hotel

Top Tipp

******Grand Hotel Villa Balbi**, Viale Rimembranza 1, Sestri Levante, Tel. 018 54 29 41, www.villabalbi.it

Zentral gelegener Palazzo mit antikem Mobiliar, Schwimmbad und eigenem Strand.

Restaurant

La Cantina del Polpo, Piazza Cavour 2 r, Sestri Levante, Tel. 01 85 48 52 96. ›Altherrenstüberl‹ mit schöner Vertäfelung aus der Zeit um 1900, *Focacce*, Salate und vorzüglicher Vermentino (Di geschl.).

11 Moneglia

Blaue Fahne für sauberes Wasser.

Das etwas abgelegene Moneglia, von Sestri-Riva über einen abenteuerlichen Einbahn-Küstentunnel mit Ampelschaltung zu erreichen, besitzt einen langen *Sandstrand*, der seit 1990 die von der EU verliehene Blaue Flagge für Wasserqualität aufweist. Der Ort selbst, von der obligaten Küstenstraße und Eisenbahntrasse vom Strand geschieden, ist rund um die Altstadt modern zersiedelt, doch bietet die Umgebung herrliche einsame Wanderwege und Felsküsten.

Antike römische Karten bezeichnen bereits eine Wegstation **Monilia** (›Juwelen‹). Der kleine Fischerort wurde 1153 von Genua annektiert und befestigt. Aus Moneglia stammt der Librettist Felice Romani (1789–1865), der für den sizilianischen Komponisten Vincenzo Bellini Textbücher, z. B. für die Oper *Norma*, schrieb.

Das ansprechende, in eine Senke geschmiegte Zentrum wird von zwei Burgen überragt: im Osten die Ruine des **Villafranca-Kastells** (12. Jh.), im Westen ein historistischer, zinnenbewehrter Palazzo (19. Jh.), der die Stelle der alten Festung **Monteleone** einnimmt.

Den östlichen Ortsteil dominiert der Campanile der 1726 erbauten Kirche **Santa Croce**. Eine Gedenktafel an der rechten Flanke erinnert an die stolze Seefahrervergangenheit Moneglias. 1284 halfen Moneglieser Matrosen und Kapitäne Genua bei der Schlacht von Meloria gegen Pisa. Nach dem Sieg bei der anschließenden Zerstörung des pisanischen Hafens nahmen sie zwei Glieder der Sperrkette als militärisches Souvenir mit. In der *Sakristei* wird ein ›Abendmahl‹ Luca Cambiasos aufbewahrt. Das Geburtshaus des manieristischen Malers (1527–1585) hat sich nahe der Kirche erhalten.

Im westlichen Ortsteil lohnt die Kirche **San Giorgio** (14. Jh.) mit ihrem gestreiften Campanile einen Besuch. Das Gemälde des drachentötenden ›*hl. Georg*‹ im Chor wird von Lokalpatrioten sogar Rubens zugeschrieben. Zudem birgt das *Presbyterium* spätgotische Flügelaltäre. Im Kreuzgang (15. Jh.) finden Konzerte statt.

TOP TIPP Cinque Terre – Wanderparadies zwischen Himmel und Meer

Riomaggiore, **Manarola**, **Corniglia**, **Vernazza** und **Monterosso**: Diese fünf abenteuerlich in enge Buchten der Steilküste geschachtelten Fischerdörfer mit ihren bunten Miniaturhochhäusern haben der Gegend vom Kap Punta Mesco bis Portovenere den Namen gegeben. Die Cinque Terre bilden eine durch harte Arbeit geschaffene Traumlandschaft, die seit 1997 UNESCO-Weltkulturerbe ist. Wanderer genießen Fischerdörfer und Weinberge zwischen Himmel und Meer.

Bergwärts steigen die schier endlosen, jahrhundertealten Rebterrassen (Strisce) an, auf denen wie eh und je in mühsamer Handarbeit berühmte **Prädikats-Weißweine** (der trockene Cinque Terre und der teure Dessertwein Sciacchetrà) gezogen werden. Lediglich der Transport der reifen Trauben wird heutzutage meist mithilfe mobiler Schweizer Miniaturlifte erledigt. Die härteste Knochenarbeit besteht jedoch im ständigen Ausbessern der Terrassenmauern (Fasce), denn bei jedem Regenguss droht ein Erdrutsch des aus Sandstein, Mergel und Tonschiefer geschichteten Terrains.

Doch gerade aufgrund dieser einzigartigen Verbindung aus traumhafter **Steilküste** und ökologischer Arbeitswelt hat sich der **Naturpark** (Eintrittsgebühr!) der Cinque Terre in den letzten Jahrzehnten zu einem fast schon legendären **Wanderparadies** entwickelt – auf engen Maultierpfaden (Mulattiere) lassen sich theoretisch alle fünf Gemeinden in einer kräftigen Tagestour kennen lernen.

Wer den klassischen **Sentiero azzurro** (Blauer Weg) in einem solchen Eiltempo herunterspult, verpasst allerdings viel von der spezifischen Atmosphäre der einzelnen Dörfer. Denn trotz des internationalen Ansturms, der nicht selten zu Wanderstaus vor beliebten Fotomotiven führt, bewahren die geo-

Von der Leichtigkeit des Bauens – Corniglia aus der Vogelperspektive der Winzer

graphisch abgeschotteten **Küstenorte**, die erst in den 1970er-Jahren langsam entdeckt wurden, noch immer ihre eigene Kulturfärbung. Wer nicht nur als ›Massenindividualist‹ durchgeschleust werden will, sollte vielleicht im **Oktober**, wenn viele Italiener zur Weinernte anreisen, oder in den klaren frischen Wintertagen unter Einheimischen die echt gebliebene Herbheit der über dem Meer an den Fels gekrallten Dörfer genießen. Einsame Wandererlebnisse vermittelt auch der steile Aufstieg zu den mittelalterlichen **Wallfahrtskirchen**, die meist weit oberhalb der Orte in schattigen Zypressen- und Pinienhainen liegen.

Als Alternative zu Rückwanderungen bietet sich die **Eisenbahn** an: Die häufig befahrene Linie La Spezia – Genua bedient alle fünf Orte in Minimalzeit. In der Saison gibt es natürlich (bei ruhigem Meer!) auch jede Menge **Schiffsverbindungen**. Die abenteuerliche und sehr zeitraubende Besichtigung mit dem **Auto** auf serpentinenreichen Stichsträßchen ist hingegen allenfalls im Winter erträglich; lediglich in Monterosso und Riomaggiore existieren teure gebührenpflichtige Parkplätze, ansonsten sind die wenigen Parkmöglichkeiten, die das Terrain erlaubt, hoffnungslos überfüllt.

Da der Hauptweg Sentiero azzurro wegen der hohen Unterhaltskosten einer Maut unterliegt, empfiehlt sich für Wanderer der Erwerb der Cinque Terre Card (1 Tag 6 €, 2 Tage 9.70 €) oder der Cinque Terre Card Treno mit unbeschränkter Benutzung der Lokalzüge zwischen Levanto und La Spezia (1 Tag 12 €, 2 Tage 23 €) www.parconazionale5terre.it
Die Wege sind gut ausgeschildert und mit Entfernungsangaben versehen. Der klassische Trail von Monterosso nach Riomaggiore ist zwar anstrengend, bereitet aber keine herausragenden Schwierigkeiten. Trotzdem ist festes Schuhwerk dringend anzuraten.

Club Alpino Italiano, Galleria Mazzini 7/3, Genua, Tel. 010 59 21 22, www.cailiguregenova.it

Reise-Video: Cinque Terre
QR-Code scannen [s. S. 5] oder dem Link folgen: www.adac.de/rf0268

Praktische Hinweise

Information

IAT, Corso Longhi 32, Moneglia, Tel. 01 85 49 05 76, www.prolocomenglia.it

Restaurant

Da Pagliettini, Loc. Comeglio, in den Bergen, Tel. 018 54 93 04. Terrasse, Eigenbauwein, Walnussnudeln und Kaninchen (Do geschl.).

Idyllischer Ausgangspunkt für Cinque-Terre-Wanderungen – Monterosso al Mare

12 Levanto

Gelber Sand und grüner Serpentin.

Die von Weinbergen, Kastanien und Pinienwäldern gesäumte Bucht von Levanto ist in den letzten Jahrzehnten arg verbaut worden. Der lang gestreckte *Sandstrand*, durch eine Stelzenstraße von der Altstadt abgetrennt, hat den 5500 Einwohner zählenden Ort dennoch zu einem der beliebtesten Badeplätze Liguriens gemacht.

Neben herrlichen *Wandermöglichkeiten* Richtung Cinque Terre lockt auch ein bedeutendes Bauwerk: Die Kirche **S. Andrea** von 1226 fällt durch die grün-weiß gebänderte Fassade mit rekonstruierter Fensterrose auf. Der dreischiffige *Innenraum* mit ebenfalls gestreiften Säulen und grünlichen romanischen Serpentin-Kapitellen wurde 1463 auf fünf Schiffe erweitert. Auch Chor und Turm sind hochgotisch. In der *Sakristei* werden u. a. von dem Mailänder Carlo Braccesco 1495 bemalte Altarflügel aufbewahrt.

TOP TIPP

Wenige Schritte entfernt führt in einem Oratorium die **Mostra Permanente di Cultura Materiale** (Tel. 01 87 81 77 76, Juni–Sept. Fr–So 21.30–23.30 Uhr, sonst nach Voranmeldung) in die Arbeitswelt der Fischer und Bauern ein.

Im Franziskanerkloster oberhalb Levantos kann man in der Kirche **SS. Annunziata** eines der ausdrucksstärksten Gemälde des Genuesen Bernardo Strozzi, ›Wunder des hl. Diego‹, sehen.

Die westlich gelegene Bucht von **Bonassola** ist landschaftlich reizvoll. Ein an-

TOP TIPP

spruchsvoller Küstenwanderweg führt in 2,5 Std. zur **Punta Mesco** und nach Monterosso. Levanto ist das Tor zu den Cinque Terre!

Praktische Hinweise

Information

IAT, Piazza Mazzini 4, Levanto, Tel. 01 87 80 81 25, wwwturismoinliguria.it

Hotel

******Al Terra di Mare**, Loc. Gallona, Levanto, Tel. 01 87 80 76 72, www.alterra dimare.it. Hübsche Hotelanlage 2 km vom Ortszentrum Richtung Monterosso.

Restaurant

Cavour, Piazza Cavour 1, Levanto, Tel. 01 87 80 84 97. Vom Kuttel- und Stockfischladen zur Nobeltrattoria: Spezialität sind *Spaghetti alla pirata* (Mo geschl.).

13 Monterosso al Mare

Das Hauptquartier für Aufenthalte in den Cinque Terre.

Der ausgedehnteste Ort der Cinque Terre (1500 Einw.) mit den meisten Hotels ist eher nichtssagend. Zudem wird die eigentliche Altstadt durch die auf Stelzen gebaute Eisenbahntrasse beeinträchtigt. Dahinter liegen die Piazza mit der offenen **Loggia del Podestà** und die Kirche **San Giovanni Battista**, als deren Campanile ein ehem. Küstenwachtturm des 15. Jh. Verwendung fand.

Lohnend ist der Besuch von Kapuzinerkloster und Kirche **San Francesco** am San-Cristoforo-Hügel westlich der Altstadt. Das 1623 geweihte Gotteshaus enthält ligurische Barockgemälde und eine ursprünglich Van Dyck zugeschriebene ›Kreuzigung‹. Ein Tunnel unter dem Hügel führt in den lang gestreckten Ortsteil **Fegina**, in dem der Nobelpreisträger Eugenio Montale [s. S. 60] zeitweise aufwuchs. Das westliche Ende der hotelgesäumten *Badestrände* markiert ein Betongigant, eine kolossale bröckelnde Neptunstatue mit Muschel (1919).

Die Wanderung nach Vernazza ist mit ca. 2 Std. das längste Teilstück des ›Blauen Wegs‹ [s. S. 56]. Ebenfalls in waldige Bergwelt entführt der 90-minütige Aufstieg zur Wallfahrtskirche **Madonna di Soviore**. In der Anlage kann man auch essen, in einfachen Zimmern übernachten – und sich an uralten Steineichen erfreuen.

Praktische Hinweise

Information

IAT, Stazione FF.SS., Monterosso al Mare, Tel. 01 87 81–75 06 oder 70 59.

Augenweide für Wanderer: Vernazza mit seiner wunderschönen Altstadt

Hotel

******Porto Roca**, Via Corone 1, Monterosso al Mare, Tel. 01 87 81 75 02, www.portoroca.it. Exklusives Hotel am Ortsrand mit eigenem Park.

Restaurant

Al Pozzo, Via Roma 24, Monterosso al Mare, Tel. 01 87 81 75 75. Rustikales Lokal mit Terrasse in der Ortsmitte. Ligurische Küche, neu interpretiert, auch Langusten- und Hummergerichte (Do geschl.).

Nobelpreis für Lebensangst

Den Kaffeehäusern und Buchständen, wie er sie aus seiner Heimatstadt Genua kannte, ist **Eugenio Montale** (1896–1981) zeitlebens treu geblieben. Der aus großbürgerlichen Verhältnissen Stammende schwankte lange zwischen Gesang und Literatur. 1925 veröffentlichte er seinen ersten Band **Ossi di seppia**, auf »schmucklose Wesentlichkeit« reduzierte, titellose **Lyrik**. Doch trotz aller Herbheit bricht in den Texten immer wieder die Metaphorik des endlosen **Meeres** durch, an dem Montale seine Knabentage verbrachte: abstrakte und doch sehr ligurische Poesie. Er wäre, wie er einmal sagte, gern ein harter, willenloser Kieselstein gewesen, gerollt vom Schöpfergott des Meeres.

Nach dem ersten Band folgten fruchtbare Jahre in Florenz und intensiver Austausch mit Malerfreunden wie Filippo de Pisis und Renato Guttuso. Der von ihm begründeten Tradition des **Ermetismo** folgte Montale auch in seiner Mailänder Periode (ab 1948 Arbeit beim ›Corriere della Sera‹).

Im Mittelpunkt seiner spröden Gedichte steht die existenzielle Hoffnungslosigkeit des Menschen. Literatur erscheint nicht sinnstiftend, sondern eher als Zustandsbeschreibung und Untergliederung des Lebens und der Zeit. Damit wurde er neben **Giuseppe Ungaretti** und **Salvatore Quasimodo** zum führenden Dichter der italienischen Moderne. 1975 erhielt Eugenio Montale für Anthologien wie **Finisterre** (1943) und **Satura** (1971) den Nobelpreis für Literatur.

14 Vernazza

Echt und edel.

Die malerisch gestalteten Trattoria-Schilder weisen darauf hin: Vernazza, dessen intaktes Erscheinungsbild nicht von der am oberen Ortsende trassierten Eisenbahn beeinträchtigt wird, ist der stimmungsvollste und schickste Ort der Cinque Terre. Trotzdem ist er nicht zur touristischen Kulisse reduziert, sondern verfügt über viele einheimische Läden auf dem ›Hauptkorso‹ **Via Roma**, auf dem außerdem morgens Käse- und Fischverkäufer an improvisierten Ständen Waren für die 900 Einwohner anbieten. Wie in Riomaggiore läuft man hier auf einem überbauten Wildbach, dem *Vernazzola*. Kurz vor dem Hafen schwappt links das Meer durch ein Felsenloch. Anschließend gelangt man zur **Piazza** mit den verschiedenfarbigen, von der Meeresbrise verwaschenen Fassaden – direkt am *Porticciolo*, dem kleinen Hafen mit seinen bunten Booten, kleinem Badestrand, feinen Fischlokalen und Bars. Hier entfaltet sich auch das Nachtleben. Rechts am Meer steht die Pfarrkirche **Santa Mar-**

gherita d'Antiochia, eine typische ligurische Seekirche des 13. Jh. mit mächtigem Kirchturm. An dem ungewöhnlichen Grundriss lässt sich die Unregelmäßigkeit des Baugrunds ablesen. Im feierlich dunklen Inneren hängt ein Holzkreuz von Antonio Maria Maragliano.

Im Sommer ist auch das genuesische **Kastell** vis-à-vis zu betreten. Zu seinen Füßen breiten sich die Markisen der Fischrestaurants aus. Die meisten Besucher kommen für einen Tag – zum Essen und Schauen. Vernazza besitzt nur wenige Unterkunftsmöglichkeiten.

Bezaubernde Schlichtheit der Romanik – Vernazzas Seekirche Santa Margherita d'Antiochia

Nach ca. 1 Std. Aufstieg erreicht man, vorbei am kleinen Friedhof, die Wallfahrtskirche **Nostra Signora di Reggio** (13. Jh.), die einsam in einem Wäldchen liegt. Der Weg nach Corniglia hingegen dauert 1,5 Std.

i Praktische Hinweise

Information

IAT, Stazione FF.SS., Vernazza, Tel. 01 87 81 25 33

Hotels

***Pensione Sorriso**, Via Gavino 4, Vernazza, Tel. 01 87 81 22 24. Meist ruhige Pension oberhalb der Bahn.

TOP TIPP **Gianni Franzi**, Piazza Marconi 5, Vernazza, Tel. 01 87 82 10 03, www.giannifranzi.it. Vom Bühnenbildner Aldo Trionfo designte edelschlichte Künstlerpension am abends lauten Hafen. Mit Trattoria.

Restaurant

Il Baretto, Via Roma 31, Vernazza, Tel. 01 87 81 23 81, www.il-baretto.it. Fisch vom Feinsten, schwarze Tintenfisch-Tagliatelle mit Krebsfleisch, frittierte Glasaale (*bianchetti*), Honiggrappa aus eigener Herstellung (Mo geschl.).

15 Corniglia

Bergdorf mit faszinierendem Panorama und Privatzimmern für Nudisten.

Corniglia ist die große Ausnahme unter den Siedlungen der Region, denn es liegt auf einem 190 m hohen Bergsporn und ist auch vom Bahnhof nur nach einem langen, steilen Treppenanstieg zu erreichen. In dem urig gebliebenen Ort gibt es besonders viele Privatzimmer und gute Ausflugslokale – sicherlich die unkomplizierteste und zünftigste Wohnadresse in den Cinque Terre.

Am Ortseingang befindet sich die gotische Pfarrkirche **San Pietro** (14. Jh.). In ihre Streifen-Fassade ist eine Fensterrose aus weißem Carrara-Marmor eingelassen, der Innenraum hingegen wurde völlig barockisiert. Unterhalb wird ein Gebäude mit gotischen Spitzbögen aus schwarzem Stein als alte **Poststation** der Fieschi, der einstigen Lehensherren der fünf Orte, bezeichnet. Der eigentliche **Ortskern**, eng, zusammengedrängt und eher grau – anstatt bunt gestrichen –, gewinnt durch kleine Lädchen und faszinierende Ausblicke. Ein einstündiger Spaziergang führt zur Wallfahrtskirche **San Bernardino** oberhalb des Ortes mit lebensechten Votivbildern von Seeleuten.

Durch einen ca. 1 km langen Tunnel kann man zum Nudistenstrand *Guvano*, der von der Fama nächtlicher Strandfeste umwittert wird, absteigen.

i Praktische Hinweise

Hotels

Da Beppe, Via Serra 2, Corniglia, Tel. 01 87 82 11 63. B & B mit 2 Zimmern.

Vittoria Guelfi, Via Fieschi 85, Corniglia, Tel. 01 87 81 23 38. Einfache Zimmer und kleine Apartments.

Restaurants

A Cantina de Mananan, Via Fieschi 117, Corniglia, Tel. 01 87 82 11 66. Fisch und Fleisch, Käse und Wein in knorriger *Osteria* (Di geschl.).

Cecio, Via serra 58, Corniglia, Tel. 01 87 81 20 43. Restaurant mit Aussichtsterrasse, auch einige Gästezimmer.

Schwindelfrei– die Via dell'Amore ist zwar gut gesichert, aber dennoch atemberaubend

16 Manarola

TOP TIPP

Wohnungsbau auf engstem Raum und romantische Wanderwege.

Via dell'Amore – Volastra – Groppo

Der winzige, kubistisch verschachtelte Fischerort mit 500 Einwohnern besitzt keinen geschützten Hafen, sodass die meisten Boote nachts an Land gezogen werden müssen. Oberhalb einer Rampe drängt sich ein Restaurant auf die Betonterrasse, dahinter öffnet sich eine enge Straßenschlucht. Für eine richtige Piazza fehlt es an Raum. Der Reiz des Aufenthalts besteht darin, die schmalen *Treppenwege* zwischen den an beiden Seiten emporgestapelten Häusern zu erkunden. Im oberen Ortsteil, in Bahnhofsnähe, wird die Kirche **San Lorenzo** von einem zum Campanile umfunktionierten Wachtturm flankiert. In der Fassade (1338) prangt eine filigrane Fensterrose aus Carraramarmor. Zwei feierliche Flügelaltäre des 15. Jh. schmücken den Innenraum.

Von Manarola führt die berühmte **Via dell'Amore** – ein bequemer und meist überfüllter Spazierweg, der 1930 teils in den Fels gehauen, teils auf Stützen verlegt wurde – nach Riomaggiore (1,5 km). Die wenigen Sitzbänke zwischen Agaven und Klebsamen-Bäumchen sind meist sehr begehrt. Nach einem Felsrutsch 1993 wurde kurz vor Riomaggiore ein Betontunnel angelegt und von modernen Künstlern mit naiven Cinque-Terre-Impressionen ausgemalt.

Eine weitere herrliche Panoramawanderung (1 Std.) führt in das Weinbauerndorf **Volastra** (334 m). Eindrucksvoll ist der Blick auf das tief unten – knapp über dem Meer – an den Felsen klebende Manarola. Oberhalb des Ortsrands von Volastra lädt der Vorplatz der Pilgerkirche **Nostra Signora della Salute** (12. Jh.) ein, sich von den Strapazen des Aufstiegs zu erholen und die romanische Fassade zu studieren.

Die umliegenden Hänge bilden die wichtigsten Lagen für den guten weißen Cinque-Terre-Wein. In **Groppo**, etwas ostwärts, kann man sich direkt in der Kantine der Kooperative mit den edlen langhalsigen Flaschen eindecken.

Praktische Hinweise

Hotel

*****Marina Piccola**, Via Birolli 120, Manarola, Tel. 01 87 76 20 65, www.hotelmarinapiccola.com. Ordentlicher *Albergo* und schönstes Fischrestaurant direkt an der Hafenterrasse.

Wie eine Krone auf grünem Samt: Manarola hinter Rebterrassen

17 Riomaggiore

Maler und Wanderer.

Der größte der fünf Orte der Cinque Terre ist in die Schlucht eines später überbauten Bergbachs gezwängt, der somit zur Hauptstraße wurde. Flüchtige Griechen, die die bilderstürmerische Linie der byzantinischen Kaiser ablehnten, sollen sich hier im 8. Jh. eingenistet haben. Heute wird die Idylle durch Scharen von Wanderern bevölkert, die von dem 1000 Plätze bietenden Parkhaus am oberen Ortsrand ihre Cinque-Terre-Tour starten.

Die Marina mit kleinem malerischen *Hafen* ist durch die Eisenbahnlinie (die Station Riomaggiore ist durch den Tunnel zu erreichen!), deren Lärmschutzwände mit naiven Ortsansichten bemalt sind, vom lang gezogenen **Ortskern** getrennt. Dieser steigt zu beiden Seiten des zum Fußgängerkorso ausgebauten einstigen Bachbetts an. Links oben am Ende erreicht man die gotische Kirche **San Giovanni Battista**, die 1871 neugotisch ›verschönert‹ wurde, wobei man die alte Fensterrose konservierte. Im Inneren ist u. a. ein Holzkruzifix von Antonio Maria Maragliano zu sehen. Das in Tempera auf Holz gemalte Dreitafelbild ›Madonna mit den hll. Sebastian und Rochus‹ (15. Jh.) lädt zu religiöser Andacht ein. Ein weiterer Flügelaltar des 15. Jh. ist im nahen **Oratorio dei Disciplinati** aufgestellt. In der Nähe wohnte der ›Entdecker der Cinque Terre‹, der Florentiner Maler **Telemaco Signorini** (1835–1901). Als prominentes Mitglied der *Macchiaioli* (Fleckenmaler, ital. Impressionisten), schätzte er besonders soziale Themen wie das karge Leben der Fischer. Fast im Stile des sozialistischen Realismus ist hingegen die Fassade des *Rathauses* mit moderner Monumental-Malerei, ein junges Winzerpaar darstellend, geschmückt.

Ziel der meisten Besucher ist jedoch der berühmte **Sentiero azzurro** [s. S. 56], der Wanderklassiker der Cinque Terre. Eine weitere traumhafte Tour (für Geübte) führt an der Bergkirche **Madonna di Montenero** (19. Jh.) vorbei – auf dem gleichnamigen Berg (340 m) gelegen – in 5 Std. über Campiglia nach Portovenere.

i Praktische Hinweise

Information

IAT, Piazza Rio Finale 26., Riomaggiore, Tel. 01 87 92 06 33

Café und Restaurant

Gelateria Centrale Germani e Giaccio, Via San Giacomo 105 (Hafen), Riomaggiore, Tel. 01 87 76 00 66. Pistazieneis mit Cinque-Terre-Süßwein.

La Lanterna, Via San Giacomo 46, Riomaggiore, Tel. 01 87 92 05 89, www.lalanterna.org. Gute Fischgerichte am Hafen.

Lauschige Sommeridylle – die malerischen Gassen von Riomaggiore laden zum Verweilen ein

Sentiero azzurro – auf einstigen Maultierpfaden erkunden Wanderfreunde die Cinque Terre

18 Portovenere

Finale der Cinque Terre – wunderschöne Kulisse für Schöne und Schicke.

Isola Palmaria – Isola del Tino

In – oder besser vor Portovenere – spielt sich jedes Wochenende eine sonderbare Prozession ab. Natürlich zieht es viele Ligurer und Besucher in den ›Hafen der Venus‹. Hier kann man vor der bunten Kulisse schmalster windschiefer **Fischerhäuser** (die berühmte *Palazzata)* in einer Strand-Trattoria ein ausgiebiges Fischessen im Freundes- oder Familienkreis zelebrieren und den Schönheiten der Saison nachsehen, die vor Segelschiffen und der Insel Palmaria promenieren. Und dann lockt noch der Spaziergang zur einsamen Uferkirche *San Pietro* über wild getürmten Felsbastionen und Salzwogen gelegen, fast ein raues Stückchen Irland oder Normandie an südlicher Küste. Aber die Götter haben vor diesen durchaus vernünftigen Freizeitplan ein schweres Hindernis gelegt: den eklatanten, terrainbedingten **Parkplatzmangel** auf der engen Stichstraße nach Portovenere. Und so parkt man denn das Auto entlang der Einfallstraße oft schon Kilometer vor dem Traumziel, um sich dann in Stöckelschuhen und dunklen Sonntagsanzügen durch den Verkehr zu bugsieren. Das ist die berühmte *Prozession von Portovenere*. Wer keinen Sinn für ihre öffentliche Poesie hat, kann den **Linienbus** von La Spezia (Via Garibaldi ca. alle 15 Min., auch am Wochenende) nehmen, kernig von Riomaggiore in 5 Std. herüberwandern, oder das Boot bevorzugen (in der Saison regelmäßige Schiffsverbindung von den Cinque Terre, Lerici usw.).

Geschichte *Portus Veneris* ist bereits in Wegkarten der römischen Kaiserzeit verzeichnet. Später schätzten byzantinische Mönche die schroffen Felsen und die vorgelagerten Inseln Palmaria und Tino für ihre Einsiedeleien. Ab 1113 wurde das Dorf von Genua als Grenzfestung gegen Pisa ausgebaut. Ende des 15. Jh., nach einer Belagerung durch die aragonesische Flotte, erlosch die politische Bedeutung des Fischerstädtchens. Heute ist Portovenere einer der mondänsten Badeorte Italiens.

Besichtigung Recht schnell durchspaziert ist die Hauptstraße von Portovenere, die mittelalterliche schattige TOP TIPP **Via Capellini**, die von kleinen Läden, Cafés und Restaurants gesäumt wird. An ihrem Ende bietet sich ein unvergleichliches Bild: Die uralte Küstenkirche **San Pietro**, nach genuesischer Sit-

Welche Eleganz – die schwarze Kirchenburg von San Pietro in Portovenere

te schwarz-weiß gebändert, erhebt sich an einer langen Rampe über schroffen Blöcken schwärzlichen Marmors. Auf den Resten eines Tempels wurde zunächst im 6. Jh. eine kleine Kapelle aus schwarzem Palmaria-Marmor errichtet, deren Apsis man auf der rechten Seite noch sieht. Sie wurde dann im 13. Jh. in den gotischen Neubau integriert. Auch im unregelmäßigen, feierlich dunklen *Innenraum* sind die zwei Bauphasen zu unterscheiden: gleich rechts die halbkreisförmige Apsis und der Marmorfußboden des frühchristlichen Baus. Neben San Pietro gewährt die ›Loggia der Verliebten‹ einen weiten Blick auf die Cinque Terre. Davor liegt die **Grotta Byron**, die der vom Schwimmsport begeisterte Dichter Lord Byron Anfang des 19. Jh. häufiger aufsuchte. Die *Coppa Byron*, ein Wettschwimmen nach Lerici, erinnert jedes Jahr im August an den prominenten Badegast.

In der Oberstadt von Portovenere sollte man einen Besuch von **San Lorenzo** nicht versäumen. Die 1116 begonnene Pfarrkirche wurde nach Brand- und Kriegsschäden während der Renaissance unter Verwendung älterer Teile umgebaut. Über dem *Hauptportal* sieht man das gotische Relief des Titelheiligen Laurentius mit seinem Attribut, dem Rost, auf dem er sein Martyrium erlitt. Der *Innenraum* enthält zahlreiche Gemälde, darunter die auf Pergament gemalte ›Madonna Bianca‹ (rechte Apsiskapelle). In der Sakristei werden syrische Elfenbeinkästchen des 11. Jh. verwahrt, die wohl durch die Kreuzzüge nach Portovenere gekommen sind.

Festungsbautechnik einschließlich Panorama bis zum schneebedeckten emilianisch-toskanischen Apennin offeriert schließlich ein Besuch des 1162 errichteten, 1453 zerstörten und im 16./17. Jh. zur heute bestehenden Anlage ausgebauten **Castello** (April–Okt. tgl. 10.30–17.30, Nov.–März Sa/So 10–17 Uhr).

Mit buntem Fassaden-Patchwork und seinem trutzigen Castello bezaubert Portovenere

Anschließend bietet sich eine Bootsfahrt zur **Isola Palmaria** an, die reiche Macchia-Vegetation, nette Strände, Wanderwege und eine *Grotta Azzurra* vorzuweisen hat. Nicht weit davon liegt die **Isola del Tino**, auf deren 99 m hoher Spitze ein Leuchtturm steht. Die Insel mit der Abteiruine San Venerio (11. Jh.) lässt sich nur am 13. September (bzw. dem folgenden Sonntag) zum Festtag des namengebenden Heiligen besichtigen. Auch auf der winzigen **Isola del Tinetto** sind Reste eines frühchristlichen Klosters erhalten, das im 11. Jh. von Sarazenen zerstört wurde (die Insel ist jedoch nicht zugänglich). Im Bereich der Inselgruppe fallen Muschelzuchtbänke auf.

i Praktische Hinweise

Information

IAT, Piazza Bastreri 7, Portovenere, Tel. 01 87 79 06 91, www.prolocoportovenere.it

Reise-Video:
Isole Palmaria Tino/Tinetto
QR-Code scannen [s. S. 5]
oder dem Link folgen:
www.adac.de/rf0284

Hotels

****Genio,** Piazza Bastreri 8, Portovenere, Tel. 01 87 79 06 11, www.hotelgenioportovenere.com. Hotel mit 7 Zimmern und Eingang im Wachtturm.

La Casa del Pescatore, Isola Palmaria, Loc. Secco, Tel. 01 87 79 11 99, www.palmariaisland.com. 3 Doppelzimmer im Fischerhaus. Frühstück mit Traumblick auf Portovenere (März-Okt. geöffnet).

Locanda Lorena, Isola Palmaria, Terizzo, Tel. 01 87 79 23 70, www.locandalorena.com. Lange im Voraus ausgebuchte günstige Strandpension (März–Okt.).

Restaurants

L'Antica Osteria del Carugio, Via Capellini 66, Portovenere, Tel. 01 87 79 06 17. Weinkneipe von 1890 mit guter *Mesciua* (Bohnen-Graupen-Kichererbsensuppe) und Cinque-Terre-Weinen (Do geschl.).

Portivene, Via Capellini 94, Portovenere, Tel. 01 87 79 27 22, www.ristoranteportivene1.com. Cocktails, Risotto mit Meeresfrüchten und fritto misto.

Trattoria Iseo, Calata Doria 9, Portovenere, Tel. 01 87 79 06 10. Die begehrteste Fischadresse an der *Palazzata*. Gestyltes Interieur, große Terrasse (Mi geschl.).

La Spezia ist seit dem 19. Jh. einer der bedeutendsten Marinestützpunkte Italiens

19 La Spezia

Zweitgrößte Stadt Liguriens mit bedeutendem Marine- und Handelshafen.

La Spezia, seit 1861 Kriegshafen und Waffenschmiede Italiens, bietet sich durchaus für einen Abstecher vom touristischen Badeleben an. Die von hohen Apenningipfeln überragte Provinzhauptstadt (93 000 Einw.) am gleichnamigen Golf besitzt ansprechende *Einkaufsstraßen* des 19. Jh., ein interessantes archäologisches sowie ein Museum zur Marinegeschichte, dessen Sammlungen einen Schlüssel zum Verständnis der Seefahrerregion Ligurien darstellen.

Geschichte Trotz der geschützten geostrategischen Position blieb das im 13. Jh. von den **Fieschi** befestigte La Spezia bis ins 19. Jh. hinein eine Kleinstadt. Auch die durch Genua 1371 veranlasste Erhebung zu einer seiner drei Vikariatsstädte – neben Porto Maurizio (Imperia) und Chiavari – und die Entwicklung La Spezias zur Hauptstadt der östlichen Levante änderten daran nichts. Der ganz große Boom setzte erst 1861 ein, als es auf Betreiben des italienischen Ministerpräsidenten Cavour anstelle Genuas zum italienischen **Kriegshafen** ausgebaut wurde. Verbunden mit dem Aufbau des Militärstützpunktes war die Errichtung des Marinearsenals (noch heute sind dort ca. 2000 Menschen beschäftigt) und das Entstehen einer **Waffen-** und **Werftindustrie**. Gerade wegen der militärischen und industriellen Bedeutung wurde die Stadt im Zweiten Weltkrieg Ziel alliierter Luftangriffe. Heute ist die teils veraltete, schwerfällige Industrie ein Problempunkt La Spezias.

Italienische Seefahrtsgeschichte dokumentiert La Spezias Museo Tecnico Navale

Besichtigung Einen Akzent im überwiegend modernen Stadtbild stellt die kreisrunde **Cattedrale Cristo Re** dar, die 1956–76 von dem Trentiner Adalberto Libera an der Piazza Europa errichtet wurde (gute Parkmöglichkeiten). Von hier wandert man auf der *Via Vittorio Veneto*, einer bürgerlichen Prachtstraße, zur *Piazza Verdi* mit Verwaltungsgebäuden aus den 1930er-Jahren. Geradeaus führen die Arkaden der Via Domenico Chiodo direkt auf das Hauptwerk des Genueser Militärarchitekten zu, der der Straße den Namen gab: das 1869 eingeweihte **Arsenale** (Tag der Offenen Tür im März). Das nach der Zerstörung im Zweiten Weltkrieg wieder aufgerichtete *Portal* mit dem Wappen der italienischen Kriegsmarine darf aus Sicherheitsgründen nicht fotografiert werden. Als Trost bleibt links davon das **Museo Tecnico Navale** (Viale Amendola 1, Tel. 01 87 78 46 93, www.museotecniconavale.it, tgl. 8–19.30 Uhr). Den Schwerpunkt der Sammlung bildet die italienische Marinegeschichte der zwei Weltkriege, außerdem sind auch gut erhaltene Galionsfiguren, historische Schiffsmodelle und Taucherglocken zu bewundern.

Von der Via Chiodo geht der **Corso Cavour** ab, Hauptachse des 19. Jh. mit eleganten Geschäften. An der Piazza Beverini fällt die nach Kriegsschäden modern reduzierte Streifenfassade der ehem. Kathedrale **S. Maria Assunta** auf. Auch der fünfschiffige Innenraum aus dem 15. Jh. ist zu Beginn des 20. Jh. stark überarbeitet worden und steht in Kontrast zu den Barockaltären. Bedeutendstes Werk ist die großformatige farbige Renaissance-Terrakotta des Florentiners *Andrea della Robbia* ›Marienkrönung mit Heiligen‹ im äußeren linken Schiff.

Rechts der Kirche kann man durch das von Bombardements verschonte *Prione-Viertel* auf Treppenwegen zum **Castello San Giorgio** hinaufsteigen und einen herrlichen Panoramablick genießen. Die einstige Fieschi-Festung des 13. Jh. wurde von den Genuesen 1371 und im oberen Bereich nach 1605 ausgebaut. Lohnend ist hier der Besuch des **Museo del Castello** (Mai–Sept. Mi–So 9.30–12.30, 17–20, Okt.–Apr. Mi–So 9.30–12.30, 14–17, Mo ganzj. 9.30–12.30 Uhr) mit seinen archäologischen Sammlungen. Neben prähistorischen und urgeschichtlichen Exponaten sind Funde aus dem römischen Luni

Sandstrand mit Castello-Blick – Spiaggia di Punta Corvo von Lerici

sowie mittelalterliche Handwerksstücke zu bewundern. Von besonderem Interesse sind die berühmten **Lunigiana-Stelen** [s. S. 74], die ab dem 4. Jt. v. Chr. entstanden sind.

Stolz ist La Spezia auch auf das 2004 wenig südlich des Corso Cavour eröffnete **CAMeC – Centro Arte Moderna e Contemporanea** (Piazza Cesare Battisti 1, Tel. 01 87 73 45 93, http://camec.spezianet.it, Di–So 11–18 Uhr), das in einem ehem. Gerichtsgebäude des 20. Jh. auf vier Stockwerken sehr interessante Werke zeitgenössischer Kunst präsentiert. Hierzu zählen Vertreter der Neuen Wilden und des Bauhauses sowie die Künstlergruppen Cobra und Spur. Herausragend ist die Präsentation der italienischen Kunstlandschaft ab 1945 mit Werken von Renato Guttuso, Carlo Montarsolo oder Pino Saturno. Wechselausstellungen von internationalem Rang ergänzen das breite Museumsspektrum.

Ein weiterer Anziehungspunkt für Kunstliebhaber ist das **Museo Amedeo Lia** (Via del Prione 234, Tel. 01 87 73 11 00, Di–So 10–18 Uhr), das in einem restaurierten Konvent bedeutende italienische Gemälde des Mittelalters und der Renaissance ausstellt.

Weiter nördlich am Corso Cavour öffnet sich schließlich die **Piazza Brin** mit kleinem Park, der Kirche Nostra Signora della Scorza (1900) und großbürgerlichen Wohnhäusern im Stile des ›Umbertinismo‹, der Gründerzeit. Dahinter erstreckt sich das **Quartiere Umberto I**, eine 1885–89 angelegte Werkssiedlung für die Arsenalarbeiter, die sich an Vorbildern wie der Kruppsiedlung in Essen orientierte.

i Praktische Hinweise

Information

IAT, Viale Italia 5, La Spezia, Tel. 01 87 77 09 00, www.turismoprovincia.laspezia.it

Europäisches Kunstschaffen des 20. Jh. präsentiert in La Spezia das CAMeC – Centro Arte Moderna e Contemporanea

Hotel

***Firenze e Continentale**, Via Paleocapa 7, La Spezia, Tel. 01 87 71 32 10, www.hotelfirenzecontinentale.it. Hotel mittlerer Preislage in historischem Gebäude mit renovierten Räumen.

Restaurant

Da Gianni, Corso Cavour 352, Tel. 01 87 71 980. Beliebter Markttreff, wo man auch nachmittags ein Glas trinken kann. Spezialitäten sind Kutteln, Stockfisch und Muschelspaghetti (So und abends geschl.).

20 Lerici

Die bezaubernde Landschaft am ›Golf der Dichter‹ inspiriert noch heute die Reisenden.

San Terenzo – Fiascherino – Tellaro – Montemarcello

»Der zauberischsten Musik (des Meeres) lauschend«, verbrachte der englische Lyriker *Percy Bysshe Shelley* die letzten Wochen seines Lebens in einer weißen Strandvilla in San Terenzo, dem nördlichen Vorort von Lerici. Im Juli 1822 geriet der passionierte Segler bei der Rückfahrt von Livorno in einen Sturm und ertrank. Sein Freund *Lord Byron* ließ den Leichnam nach antiker Sitte am Strand verbrennen. Doch schon längst ist die Bucht nicht mehr nur Wallfahrtsort romantischer Engländer, wenn auch der Name **Golfo dei Poeti** an die literarischen Pioniere des Tourismus erinnert. Die hübsche Altstadt von Lerici und der Sandstrand von San Terenzo haben diese Gegend zu einem der beliebtesten *Ausflugsorte* gemacht.

Lerici wird überragt von dem pisanisch-genuesischen **Castello**. In diesen alten Gemäuern kann man im topmodernen **Museo Geopaleontologico** (Tel. 01 87 96 90 42, www.castellodilerici.it, März–Juni, Sept./Okt. Di–So 10.30–17, Juli/Aug. Di–So 10.30–13, 17–21 Uhr, Nov.–Feb. nur nach Voranm.) Saurierroboter, Zukunftsszenarien und Erdbebensimulationen erleben.

TOP TIPP

In **San Terenzo** mit Sandstrand, kleiner Pineta und Burg steht am Ufer die weiße **Villa Magni**, in der Shelley wohnte. Auf Marmortafeln sind Verse des Romantikers zu lesen. Südlich von Lerici führen schmale Straßen nach **Fiascherino** und dem winzigen Fischerdorf **Tellaro**, das eine intakte Marina bewahrt. Blickfang ist die mit den Apsiden zum Meer ausgerichtete Kirche am Hafen. Besonders stimmungsvoll ist die *Weihnachtsnacht*, wenn vor der Kulisse der kerzenerleuchteten Fischerhäuser im Hafenbecken nach einer Christusstatue getaucht wird. Auch in Tellaro wird das Andenken an einen englischen Dichter zumindest durch einen Straßennamen bewahrt. *D. H. Lawrence*, den seine deutsche Frau ›Lorenzo‹ nannte, lebte in diesem Fischerort.

Das Küstengebirge des **Parco di Montemarcello-Magra** ist mit zwar zuweilen recht steilen, aber sehr reizvollen Wanderwegen und einer Fahrstraße erschlossen. Es gibt lohnende Abstiege zu meist einsamen Badebuchten wie etwa der beinahe schwarz-sandigen **Spiaggia di Punta Corvo**. Es bietet sich auch ein Abstecher in das pittoreske Städtchen **Ameglia** über der Magra-Mündung an.

TOP TIPP

Praktische Hinweise

Information

IAT, Via Biaggini 6, Lerici, Tel. 01 87 96 91 64, www.comune.lerici.sp.it

Hotel

****Miramare**, Via Fiascherino 22, Tellaro, Tel. 01 87 96 75 89, www.miramaretellaro.it
Ruhige Unterkunft mit Meerblick.

Restaurant

La Rosa Canina, Loc. Monti Branzi, Tel. 01 87 96 67 19, www.larosacanina.net
In der Heckenrose (6 km auf staubigem Feldweg) gibt's köstliche *troffie* mit Basilikumpesto und ein *menu fixe*. Vorbestellung empfohlen.

21 Sarzana

Toskanisch geprägtes Zentrum der Lunigiana.

In Sarzana, dem ruhigen mittelalterlichen Bischofsstädtchen mit den geraden Straßen und den mächtigen Festungsanlagen, spürt man schon den Einfluss der Toskana. Die historische Landschaft der *Lunigiana*, deren Hauptort Sarzana ist, erstreckt sich weit nördlich ins toskanische Magra-Tal. Zum toskanischen Flair tragen auch die typischen Baumaterialien bei: *Pietra serena* (ein graubrauner Sandstein) für Fensterrahmungen und Pilaster sowie weißer Carrara-Marmor aus den wenige Kilometer entfernten Steinbrüchen.

Geschichte Das Dorf Sarzana gewann 1204 an Bedeutung, als Papst Innozenz III. den *Bischofssitz* aus dem versumpfenden Luni hierher verlegte. An der strategisch wichtigen Grenze zwischen rivalisierenden Stadtstaaten gelegen, wechselte Sarzana oft die Herrschaft. Auf die Dominanz der Seerepublik **Pisa** folgte 1314–28 die Oberhoheit Castruccio Castracanis, des mächtigen Signore von **Lucca**. Im 14. und 15. Jh. blieb es heiß umkämpft zwischen Mailändern, Florentinern und Genuesen, zu deren Territorium es 1562 endgültig geschlagen wurde – und deshalb ist es noch heute eine ligurische Stadt.

Sarzana rühmt sich auch, Heimat des ersten Renaissance-Papstes zu sein. Der bescheidene Tommaso Parentucelli, Sohn eines Chirurgen, begann als Nikolaus V. (1447–55) mit der Generalsanierung des altersschwachen Petersdoms.

Besichtigung Im Zentrum, am Viale Mazzini genannten Corso, strahlt die weiße Marmorfassade der Kathedrale **S. Maria Assunta** (1204–1474) mit einer gotischen Fensterrose und einem Portalmosaik aus dem 19. Jh. Ihr Giebel wird von den Statuen der Päpste Sergius IV. und Nikolaus V. (nach dem die Dom-Piazza benannt wurde) sowie des Märtyrers Eutychius überragt. Rechts erhebt sich über der barocken Anstückelung der romanische *Campanile* (13. Jh.) mit zierlichen Bogenfenstern. Der dreischiffige spätgotische *Innenraum* mit barocker Holzdecke wird von weit gespannten Arkaden getragen. Die linke Apsiskapelle kann mit einem Superlativ der italienischen Kunstgeschichte aufwarten: Der gemalte *Kruzifixus*, der mit der Jahreszahl 1138 und dem Namen Wiligelmus gezeichnet ist, gilt als das älteste signierte Bild Italiens und als das älteste Tafelkreuz der Welt! Die triumphierende Haltung des Gekreuzigten und der biblische Zyklus, der den ikonenartig erweiterten Kreuzschaft schmückt, lassen den sonst unbekannten Wiligelmus als einen der Begründer des lucchesischen Malstils erkennen. Ebenfalls aus der toskanischen Kunstlandschaft kommen die Bildhauer Leonardo und Francesco Riccomanni (beide aus Pietrasanta bei Lucca), die für den Dom zwei große *Marmorretabeln* schufen: Während die ›Marienkrönung‹ im linken Querschiff noch spätgotische Formensprache verwendet, klingt in der vis-à-vis im rechten Querschiff aufgestellten ›Reinigung Mariens‹ (1463) bereits der Einfluss Donatellos und damit der Frührenaissance an. Ein einheimischer Künstler ist Domenico Fiasella, gen. *Il Sarzana* (1589–1669), der die Bilder der Heilig-Blut-Kapelle rechts vom Hauptchor schuf. Beachtung verdient schließlich die ›Verkündigung mit Heiligen‹ (1722) des Bolognesers Giuseppe Maria Crespi (1665–1747) in der 3. Kapelle links.

Trutzige Festungsarchitektur: Die Fortezza di Sarzanello ist eine Hinterlassenschaft der Medici

Auf dem Viale Mazzini passiert man links den Bischofspalast, dessen Wappen den Titel ›Bischof von Luni und Sarzana‹ trägt, und rechts **S. Andrea**, die romanische Taufkirche Sarzanas. Im barockisierten Innenraum führt eine Treppe hinab zu den Resten einer mittelalterlichen Glockengießerwerkstatt.

Etwas weiter auf dem Corso steht der trutzige **Wohnturm der Bonaparte**, der Ahnen Napoleon Bonapartes, die 1529 nach Korsika auswanderten. Die begrünte **Piazza Matteotti** wird von Palazzi mit mittelalterlichen Laubengängen gerahmt. Links dominiert der **Palazzo Comunale** (1547–54), in dessen kaskadengeschmücktem *Renaissance-Innenhof* ein Lapidarium Skulpturfunde von der Antike (Luni) bis zum Barock zeigt. An der *Fassade* erinnern Gedenktafeln an den Widerstand, den 1921 die Sarzanesen Mussolinis berüchtigten Schlägertruppen, den *Squadre*, kurz vor der faschistischen Machtergreifung leisteten.

Ein unerwartet ländliches Idyll bietet sich bei einem Abstecher auf der Via Bertolini zur **Porta Parma**. Im Stadtgraben hinter den trutzigen Wällen picken Hühner.

Martialischer wirkt hingegen die **Cittadella Firmafede**, die man von der klassizistischen *Porta Romana* am entgegengesetzten Ende der Fortifikationen aus erreicht. Lorenzo Il Magnifico, der große Medici-Patron von Florenz, ließ 1488 die zerstörte pisanische Burg durch die florentinischen Baumeister *Il Francione* und seinen berühmten Schüler *Giuliano da Sangallo* (1445–1516) nach modernsten Erkenntnissen der Renaissance-Militärarchitektur neu errichten.

Lohnend ist ein kurzer Spaziergang zur nördlich außerhalb der Stadtmauer gelegenen Kirche **San Francesco**. Hier findet man in den Querhäusern die gotischen Wandgräber von Guarnierio degli Antelminelli (1328, links), dem jüngsten Sohn Castruccio Castracanis, und des Bischofs Barnabò Malaspina (1338–42, rechts). Auch deutsche Landsknechte im Dienste Genuas fanden hier ihre letzte Ruhe – das Tabernakel links vom Hauptportal trägt eine süddeutsche Inschrift (16. Jh.).

Weithin sichtbar thront nördlich auf einem Hügel außerhalb des Ortes (15 Min. zu Fuß). Die ›Bilderbuchfestung‹ **Fortezza di Sarzanello** (Tel. 01 87 62 20 80, www.fortezzadisarzanello.com, tgl. 10.30–12.30 Apr.–Juni 16–18.30, Juli/Aug. 17–19.30, Sept./Okt. 15–17.30, Nov.–März 15–17 Uhr). Ihre Ursprünge reichen zurück ins 10. Jh., das heutige Erscheinungsbild verdankt die Festung mit ihren mächtigen runden Ecktürmen und Wehrmauern vor allem der Aera der florentinischen Medici Ende des 15. Jh. und dem Baumeister Il Francione, der sich bereits um die Cittadella verdient gemacht hatte. Im restaurierten Zustand des 20. Jh. wird das Areal heute auch als imposante Kulisse für diverse Events und Festivals genutzt.

i Praktische Hinweise

Information

IAT, Piazza San Giorgio, Sarzana, Tel. 01 87 62 04 19, www.comunesarzana.gov.it

Hotel

****La Villetta**, Via Sobborgo Emiliano 24, Sarzana, Tel. 01 87 62 01 95, www.albergo lavilletta.it. Kleines, modernisiertes und zentral gelegenes Hotel.

Restaurant

La Giara, Via Bertoloni 35, Sarzana, Tel. 01 87 61 00 73. Tifosi-Treffpunkt: Pizza, Focaccia-Fladen und *birra* aus regionalen Kleinbrauereien (Sa und So mittag geschl.).

22 Luni

Auf den Spuren einer großen Vergangenheit – Ausgrabungen der reichen Römerstadt.

Nicola di Ortonovo – Ortonovo

Luni – der Name hat für Italiener einen märchenhaften Klang. Eine Stadt, einst prächtig wie Rom, und dann spurlos im Sumpf versunken, Symbol der Vergänglichkeit irdischen Ruhms. Doch die archäologischen Ausgrabungen lassen die mächtige römische Handels- und spätere Bischofsmetropole allmählich wieder auferstehen. Heute umfasst der *Parco Archeologico* von Luni ein interessantes Museum und ansehnliche Reste des Forumsbereiches und des Amphitheaters.

Geschichte Luni, 177 v. Chr. gegründete römische Militärkolonie an der Magra-Mündung, die die Einfallsstraße (*Via Aemilia Scauri*) ins aufsässige Ligurien kontrollierte, gelangte bald zu großem

Die Menschensteine von Lunigiana

Für fast alle Kulturen lassen sich seit der **Jungsteinzeit** Formen des Steinkultes nachweisen: Die Kette reicht von runden Steinsetzungen wie dem Cairn von Stonehenge bis zu den bretonischen Menhiren und den altorientalischen Bethylen. In der **Bronzezeit** wurden einige dieser Steinmäler behutsam mit abstrahiert-menschlichen Zügen ausgestattet, ohne den blockhaften Stelencharakter anzutasten. Oft erweckt lediglich eine geometrische, stegförmige Nase zwischen augenartigen Bögen Assoziationen an ein menschliches Antlitz. Augen und Ohren sind auf simple Kreisformen beschränkt, spindeldürre Ärmchen erscheinen im Flachrelief. Brüste und eingeritzte Waffen bezeichnen das jeweilige Geschlecht der Dargestellten.

Über die Bedeutung der rund 50 Statuen, die in der **Lunigiana** gefunden wurden, gibt es verschiedene Theorien. Die Stelen werden gedeutet als abstrakte **Kultbilder** von Göttern, **Ahnenstatuen** oder **Grenzsteine** mit astrologischer Ausrichtung, worauf die Kopfform einiger Stelen hinzuweisen scheint. Eines steht jedenfalls fest: Es handelt sich um die ersten europäischen **Menschenbilder**. Sie entstanden ungefähr zeitgleich mit den ägyptischen Pharaonenbildnissen und waren Vorbild religiöser Bildsprache bis in die keltische Hallstattkultur. In der ligurischen Volkskunst lebten die Stelen sogar bis ins Mittelalter fort.

Lunigiana-Stele eines Mannes mit Schwert

An den Glanz früherer Zeiten erinnern die Ruinen des römischen Amphitheaters in Luni

Wohlstand. Antike Schriftsteller priesen Weine und Käse der Gegend. Wichtiger war jedoch der Export von Baumaterialien wie Marmor und das aus den Bergen herabgeflößte Holz. Unter dem Namen *Marmor lunense* wurde der weiße Kalkstein von Carrara, der seit dem 1. Jh. v. Chr. abgebaut wurde, in die gesamte römische Welt verschifft.

Luni konnte seinen Wohlstand und seine regionale Führungsposition auch während der byzantinischen und langobardischen Epoche (3./4. Jh.) unter mächtigen Bischöfen bewahren. Weit bis in die Toskana hinein (Magra-Tal, Pontremoli) erstreckte sich damals das Hinterland, die **Lunigiana.** Der Anblick der Stadt soll so glanzvoll gewesen sein, dass der Dänenpirat Hasting sie 860 im Glauben plünderte, es handle sich um Rom.

Vernichtender als Überfälle und Kriege war für Luni die Natur. Das Magra-Tal versumpfte, unmittelbare Folge war die Ausbreitung der Malaria. Schließlich wurde Luni unbewohnbar. Papst Innozenz III. zog 1204 die Konsequenzen und verlegte den Bischofssitz aus der verfallenden Stadt nach Sarzana. Die ersten Ausgrabungen begannen 1837, und mit der Trockenlegung des Terrains war der Weg für größere Kampagnen bereitet. Seit 1970 wird Luni systematisch ergraben. Dabei fällt auf, dass das mittelalterliche Gemeinwesen praktisch in den antiken Gebäuden weiterbestand.

Besichtigung Im Zentrum der Römerstadt befindet sich das **Museo Nazionale e Area Archeologica Luni** (Tel. 01 87 66 811, Di–So 8.30–19.30 Uhr), das auf dem Gelände des einstigen *Capitoliums* steht. Neben Glas, Münzen und Statuen enthält es vor allem Keramik, darunter Tafelgerät aus roter tunesischer Terra sigillata, die im 2.–7. Jh. n. Chr. importiert wurde. Ein ausgeschilderter Rundgang führt zu den (eher spärlichen) Resten des Forums, eines Tempels, einer Villa mit Freskenfragmenten und einer frühchristlichen Basilika. Besterhaltenes Bauwerk ist das **Amphitheater** des 2. Jh. n. Chr., in dem im Sommer vor der Kulisse der apenninischen Bergwelt klassische Theateraufführungen stattfinden.

Mittelalterliche Atmosphäre hat sich das steil in den Hang gebaute **Nicola di Ortonovo** bewahrt, das auch als kulinarisches Ausflugsziel (s. u.) sehr beliebt ist. Sehenswert ist auch das Städtchen **Ortonovo** selbst, um dessen rechteckige Piazza mit Kirche die Straßen bis zu den gut erhaltenen Stadttoren ringförmig nach außen verlaufen.

i Praktische Hinweise

Restaurant

TOP TIPP **Da Fiorella**, Nicola di Ortonovo, Tel. 01 87 66 857, www.ristorantedafiorella.com. Ausflugslokal mit vorzüglicher Familienküche: hausgemachtes Walnussbrot, Gemüsetorte, *Panigacci* (Crêpes mit verschiedenen Füllungen), Lamm und Kaninchen, Perlhuhn und Wildtaube (Do geschl.).

Riviera di Ponente – von Stränden und Olivenöl

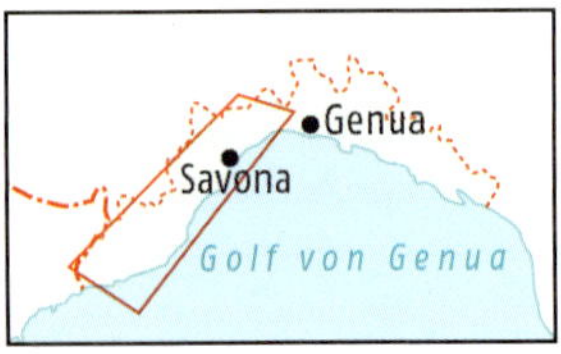

Das westliche Ligurien, die ›Küste der untergehenden Sonne‹, besteht aus einer langen Kette von Badeorten, die mit der Palmenpromenade von **Arenzano** und dem kinderfreundlichen **Celle Ligure** beginnt und in den noblen Destinationen **San Remo**, **Alassio** und **Bordighera** gipfelt. Allen ist eines gemeinsam: Zwischen dunklen, ursprünglich gebliebenen Altstadtgassen mit geschmackvollen Läden öffnen sich sonnenbeschienene kieselmosaikgepflasterte Plätze mit verlockenden Bartischchen für die Campari-Pause. Außerdem gibt es *Art and Fun* im Keramikdorf **Albisola**, steinzeitliche Höhlenbärenjäger in den Grotten von **Toirano** und zwei Provinzhauptstädte: **Savona** ist trotz brutaler historischer Verstümmelungen ein Kunstzentrum, für das man sich Zeit lassen sollte, **Imperia** steht ganz im Zeichen des Olivenöls und der silbergrauen Ölbaumkulturen seines Hinterlandes. Dann bezaubern den Besucher die in der Sonne schimmernden Blumen- und Glashausterrassen der *Riviera dei Fiori*, der Blumen-Riviera, wo Rosen, Gladiolen, Orchideen und Strelitzien gedeihen. Das Finale bildet der betörende Rausch exotischer Gärten in der **Villa Hanbury**, wenige Kilometer vor der französischen Côte d'Azur, am Fuß der schneebedeckten Seealpen. Dazu kommt eine faszinierende *Entroterra*, das ligurische Hinterland voll uralter, steiniger, abgeschiedener Handwerker- und Bergstädtchen, die einst wie das labyrinthische **Dolceacqua** vom Handel über die piemontesischen Pässe profitierten. Hier kann jeder seinen eigenen Lieblingsort und seinen persönlichen Trattorien-Geheimtipp entdecken. Von der Berghütte über den Pilgerweg zur romanischen Abtei locken *Wanderungen* aller Schwierigkeitsgrade.

23 Pegli

Herrenhäuser und Parks zeugen vom Glanz des noblen Ferienortes.

Seit der Eingemeindung in das Konglomerat von Groß-Genua hat Pegli viel von seinem Glanz als einstmals nobler Badeort eingebüßt. Doch noch immer lohnt der Besuch seiner Parkanlagen und Museen.

Die **Villa Durazzo Pallavicini** besitzt trotz des sie umbrandenden Verkehrslärms einen der stimmungsvollsten ligurischen Gärten. Der romantische *Parco Pallavicini mit Giardino Botanico* (Tel. 01 04 07 64 73, www.villapallavicini.info, Apr.–Sept. Di–Fr 9–19, Sa/So 10–19 Uhr, Botanischer Garten Di–Fr 9–13 Uhr) wurde 1837–46 vom Bühnenbildner Michele Canzio angelegt und umfasst neben Kamelienhainen nach englischem Vorbild Pagoden, Tempelchen und Teiche mit Ruderbooten. Im Sommer finden Freilichtaufführungen und Konzerte statt. In den Innenräumen der Villa lockt das interessante **Museo di Archeologia Ligure** (Tel. 01 06 98 10 45, www.museidigenova.it, Di–Fr 9–19, Sa, So 10–19 Uhr). Hier lässt sich neben römischen Funden auch das altsteinzeitliche ›Grab des jungen Prinzen‹ aus einer Grotte bei Finale Ligure sowie eine Lunigiana-Stele besichtigen.

Die Welt der ligurischen Seefahrt erschließt das nahe **Museo Navale** (Piazza Bonavino 7, Tel. 01 06 96 98 85, www.museidigenova.it, Sa 10–18, So 10–13 Uhr) in der *Villa Doria-Centurione* (16. Jh.) mit originalen Fresken und Terrazzo-Fußböden. Neben Seekarten, nautischen Instrumenten und einer Genua-Vedute von 1597 locken Modelle der drei Kolumbus-Karavellen.

i Praktische Hinweise

Information

Pro Loco, Via Pallavicini 13, Pegli, Tel. 0 10 92 88 959, www.prolocopegli.org

24 Acquasanta

Idyllischer ehem. Kurort mit heiliger Quelle und Thermalanlagen.

Campo Ligure

In Acquasanta scheint die Zeit stehen geblieben zu sein. Der einstige Kurort ist nur mit dem Bummelzug oder über enge Schluchten und Straßen von Genua-Voltri aus zu erreichen. Und dann öffnet sich die Waldschlucht mit der ›heiligen Quelle‹ (Acqua santa), die zu Füßen eines reizenden **Rokoko-Tempietto** mit Schuppendach entspringt.

Auf der anderen Seite des Acquasanta-Wildbaches liegt das einstige **Centro Termale** (www.termeacquasanta.it), die Kuranlagen von 1832. Nicht nur die Genueser schätzten das schwefelhaltige Heilwasser, das die Haut reinigt und verschönt. Einige der Marmorbadewannen im Empire-Stil lassen sich beim Herumstreifen durch den Ort noch aufspüren. Sie dienen heute neuen Zwecken, etwa als Blumeneimer oder als Waschtröge.

Der wahre Anziehungspunkt aber ist unverändert attraktiv geblieben: die Wallfahrtskirche **Nostra Signora dell'Acquasanta**, eine herrliche Landkirche auf einer großzügigen Terrasse, flankiert von breiten Pilgerhospizen. Barockes Lebensgefühl pur lädt zum Verweilen, die Innenausstattung des 1683–1710 errichteten Gotteshauses hat liebenswerte Patina angesetzt.

Religiöse Präsentation: An Ferragosto zeigen ligurische Bruderschaften ihre Casacce

Über den breiten Vorplatz im Schatten der Platanen führte schon 1832 Ferdinand II., König beider Sizilien, seine gerade angetraute Braut Maria Cristina von Savoyen. Am 15. August, Mariä Himmelfahrt, treffen sich in Acquasanta Bruderschaften aus ganz Ligurien, um die **Casacce**, ihre Prozessionsfiguren, vorzuführen.

Verspielter Gartenzauber – die Villa Durazzo Pallavicini in Pegli umgibt ein Traum in Grün

Mit dem Fahrrad auf den Spuren des Giro d'Italia

Durch Kastanienwälder und eine urtümlich anmutende Felsenlandschaft führt die bei Radsportlern beliebte Strecke zum **Passo del Turchino**. Als Ausgangspunkt eignet sich die idyllisch mit Glyzinien überwucherte einstige Bahnstation von **Acquasanta**, die man über Wanderpfade und Reitwege erreicht. Von hier geht es über eine Länge von ca. 25 km in Serpentinen hinauf in das Küstengebirge **Montana Argentea**.

Der zu bewältigende Höhenunterschied von rund 500 m wird durch herrliche **Ausblicke**, den Genuss einer wildromantischen einsamen Bergszenerie und das anregende Bewusstsein belohnt, einem Teilstück der 11. Giro-d'Italia-Etappe zu folgen. Für die gesamte, als mittelschwer zu deklarierende Tour ist je nach Kondition mindestens ein halber Tag einzuplanen

Nach einer Stärkung in der eingerichteten Picknickzone geht es wieder abwärts zurück nach Acquasanta.

Federazione Ciclistica Italiana, Tel. 06 36 68 51, www.federciclismo.it

Ausflug

In **Campo Ligure** (22 km nördlich) lockt in der Adventszeit im Oratorio SS. Sebastiano e Rocco eine Automatenkrippe (presepe meccanizzato) und das einzigartige **Museo della Filigrana** (Via della Giustizia 1, Tel. 010 92 00 99, www.museofiligrana.org, Fr 15.30–18, Sa/So 10.30–12, 15.30–18 Uhr, Di–Do nur nach Voranmeldung 15.30–18 Uhr). Das Museum birgt eine reiche Sammlung der aus feinen Gold- und Silberdrähten gefertigten Objekte und besitzt auch eine Werkstatt mit alten und modernen Werkzeugen, in der die Herstellung verfolgt werden kann.

i Praktische Hinweise

Information

Pro Loco, Via Pallavicini 13, Pegli, Tel. 010 66 13 30, www.acquasantaonline.it

Restaurant

La Madia, Acquasanta, Tel. 010 63 80 19. Spezialität dieses Lokals ist Fritto misto alla genovese mit gebackenem Gemüse (Mi geschl.).

25 Arenzano

Adretter Badeort mit Pfauen-Pavillon.

Cogoleto

Arenzano präsentiert sich als eleganter Bade- und Kurort. Zum Ambiente gehören die *Strandpromenade* mit Palmen, Pinien und halbkugelförmig beschnittenen Pechsamenbäumchen *(Pittosforo)*, das Grand Hotel von 1915 und der *Golfplatz* sowie geschmackvolle Lädchen im *Carrugio*, der zentralen Altstadtgasse. Die barocke Pfarrkirche **SS. Nazario e Celso** am westlichen Rand der Oberstadt wurde nach dem Zweiten Weltkrieg wieder aufgebaut. Links davor liegt ein herrlicher Stadtpark, in dessen Zentrum der burghafte **Palazzo Pallavicini-Negrotto-Cambiaso** (16. Jh.) steht. Eigentlicher Blickfang ist ein zartgrüner filigraner *Pavillon* (um 1900), beliebter Rastplatz der Pfauen von Arenzano.

Überregionale Bedeutung und den Anspruch, das Umweltbewusstsein der Menschen zu schärfen, hat Italiens modernstes Wissenschaftszentrum **Muvita** (Via G. Marconi 165, Tel. 010 91 00 01, www.muvita.it, Mo–Fr 10–13, 14–18 Uhr), das in einer Papiermühle des 17. Jh. eingerichtet

Feinste Handarbeit: Campo Ligure ist bekannt für seine filigrane Schmuckherstellung

Zwischen Palmen und mediterraner Blütenpracht: Promenade von Arenzano

wurde. Workshops mit Experimentierangebot im Labor und Vorträge widmen sich hier der ganzen Bandbreite der Ökologie und Klimafragen. Medial vertiefen lassen sich die so gewonnenen Kenntnisse im angeschlossenen *Museo della Lanterna*, das einen Leuchtturm zur Vorführung diverser Filme nutzt.

Ausflug

Westlich von Arenzano, hinter dem Kap San Martino, liegt der kleine Badeort **Cogoleto**, angeblich Kolumbus' Geburtsort. Einer seiner Nachfahren, der Priester Antonio Colombo, ließ 1650 das ›Geburtshaus‹ in der Via Rati mit einem Porträtmedaillon des Seefahrers bemalen.

i Praktische Hinweise

Information

IAT, Lungomare Kennedy, Arenzano, Tel. 01 09 12 75 81, www.arenzanoturismo.it

Hotels

******Grand Hotel**, Lungomare Stati Uniti 2, Arenzano, Tel. 01 09 10 91, www.grandhotelarenzano.it. Alter Glanz im Stil der Neorenaissance, modern renoviert, mit Swimmingpool, Wellness-Oase, Tennis und Golfkurse.

****Hotel Serena**, Corso Matteotti 146, Arenzano, Tel. 01 09 12 75 31, www.hotelserena-ge.it. Bei Italienern sehr beliebtes, familiäres Hotel an der Uferpromenade.

Restaurants

Parodi, Via Capitan Romeo 30, Arenzano, Tel. 01 09 12 66 37. *Rosticceria* mit Restaurant, Fisch zu reellem Preis (Di geschl.).

Pizzeria La Cambusa, Lungomare Stati Uniti 3, Arenzano, Tel. 01 09 12 31 04. Pizzeria und Ristorante an der Strandpromenade (Mo geschl.).

26 Varazze

Von Segelschiffen, Heiligenlegenden und einem beeindruckenden Berg.

Monte Beigua

Die weite Bucht zwischen den Kaps **Punta della Mola** und **Punta dell'Aspera** ist seit der Antike besiedelt. Der römische Name *Ad navalia* (zu den Schiffen) passt zur Schiffsbautradition des Ortes, in dem auch der Entdecker der Kanaren-Insel Lanzarote, Lanzarotto Malocello, im 14. Jh. geboren wurde. Die **Werften**, auf denen bis ins 19. Jh. große Transportsegler für die Weltmeere gebaut wurden, haben heute auf Sportboote umgesattelt. In der katholischen Welt machte ein weiterer Name aus Varazze die Runde: **Jacobus de Voragine** (Jacopo da Varagine, 1230–1298), Erzbischof von Genua, hat in seiner ›Legenda aurea‹ (1270) die großen Heiligenlegenden nacherzählt – noch heute unverzichtbares Rüstzeug der Kunsthistoriker.

Der Dom **Sant'Ambrogio** von 1535 liegt an einer kieselgepflasterten Piazzetta im Herzen der Altstadt. Die Neobarockfassade aus weißem Marmor wurde 1914 dem 1666 hergerichteten Kirchenraum vorgeblendet. Sie kontrastiert mit dem *Campanile* des romanischen Vorgängerbaus (13. Jh.). Das bedeutendste Kunstwerk ist ein goldgrundiger *Flügelaltar* mit dem hl. Ambrosius und einem Engelskonzert von Giovanni Barbagelata.

Etwas nördlich, auf der anderen Seite der Durchfahrtsstraße Via Nocelli, steht die in die Stadtmauer eingebaute Ruine der ersten romanischen Kathedrale (11./12. Jh.). Die Fassade des heutigen **Oratorio Nostra Signora dell'Assunta** schmücken islamische Majolikateller.

Von Sant'Ambrogio kann man auf der gleichnamigen Hauptgasse ostwärts zum breiten **Viale Nazioni Unite** gehen, der über dem Flussbett des Teiro aufgeschüttet ist. Von hier führt die Via della Stazione zur ca. 500 m entfernten Kirche **San Domenico** am Ortsrand: In einer linken Seitenkapelle wird die silberne Graburne Jacobus de Voragines aufbewahrt. Das Tafelbild *Simone da Pavias* von 1452 zeigt den selig gesprochenen thronenden Bischof mit Heiligen. Ganz in der Nähe steht die Uferkirche **Santa Caterina**, Sieneser Patronin von Varazze, deren Leben in historistischen Wandgemälden des 19. Jh. erzählt wird.

Ausflug

Eine 19 km lange Straße führt zum Naturpark des 1287 m hohen, wolkenreichen **Monte Beigua**. Das Gipfelpanorama reicht bei klarem Wetter von den Alpen

Blick übers Mittelmeer auf den Küstenabschnitt zwischen Varezze und Celle Ligure

bis Korsika. Das zur Küste hin entwaldete Massiv besteht z.T. aus grünem Serpentingestein, das für die zweifarbigen Bänderfassaden der ligurischen Kirchen und Paläste gebrochen wurde. Die Vegetation umfasst neben Heidelbeeren seltene Farne und Orchideen. Am Monte Beigua wurden auch abstrakte steinzeitliche Ritzzeichnungen entdeckt.

Praktische Hinweise

Information

IAT, Corso Matteotti 56, Varazze, Tel. 019 93 50 43, www.varazze.com

Hotels

******Savoy**, Lungomare Marconi 4, Varazze, Tel. 019 93 46 26, www.savoyvarazze.it. Große alte Dame am Strand.

*****Le Palme**, Via San Domenico 9, Varazze, Tel. 019 97 72 42, www.lepalme-hotel.it. Stilvolle Villa des 18. Jh. mit großzügigem Park in Meernähe.

27 Celle Ligure

Città dei Bambini – Ferien für Kinder und Radrennfahrer.

Glückliches Celle – Lärm machen in dem als **familienfreundlich** beworbenen Städtchen eher Touristenkinder als der Verkehr. Denn hier verläuft die sonst in Ligurien fast obligate Küstenstraße ausnahmsweise nicht am Strand. Vor den kleinen, bunten *Fischerhäusern* und den Bootsschuppen, die dem Ort wohl den Namen gegeben haben, erstreckt sich eine weitgehend verkehrsberuhigte Zone. Außerdem schwört man in Celle auf das Fahrrad. Die legendäre **Rennradfabrik** des aus Celle stammenden Stundenweltrekordlers von 1935, *Giuseppe Olmo*, hat hier ihren Sitz und einen Direktverkauf.

Weitere Sehenswürdigkeiten sind schnell aufgezählt: Die **Via Boagno** mit dem Palazzo Comunale in der Stadtmitte entstand durch Überbauung des Ghiaro-Flusses. Landeinwärts führt sie unter der Eisenbahnlinie durch zur Barockkirche **San Michele Arcangelo** (17. Jh.), deren gelb-weiße Fassade von 1828 einen hübschen Kontrast zu dem Kieselmosaik des Vorplatzes bildet. Im **Chor** zeigt ein *Polyptychon* des Raffaelschülers Perin del Vaga die ›hll. Michael, Petrus und Johannes d.T.‹.

Praktische Hinweise

Information

IAT, Via Boagno im Palazzo Comunale, Celle Ligure, Tel. 019 99 00 21, www.inforiviera.it

Einkaufen

Olmo-Fahrräder, Fabrikverkauf, Via Poggi 22, Celle Ligure, Tel. 019 99 01 57, www.olmo.it

Radsportgeschichte schrieben die Drahtesel von Olmo in Celle Ligure

Hotels

***Flora, Via Monte Tabor 47, Celle Ligure, Tel. 019 99 02 39, www.hotelflora-celle.it. Das angenehme kleine Hotel liegt etwas außerhalb und recht beschaulich in der verkehrsberuhigten Zona Verde etwa 100 m vom Strand.

*Impero, Via Ciambrini 5, Celle Ligure, Tel. 019 99 00 97, www.albergoimpero.it. Zentral in der Altstadt gelegenes, schlichtes, aber stilvoll eingerichtetes Haus.

Restaurant

TOP TIPP **Le Max**, Via Pescetto 5 a, Celle Ligure, Tel. 019 99 42 22. Massimiliano Martino kocht in dem kleinen Feinschmeckerrestaurant mit 22 Plätzen kreativ auf. Junge Erbsen mit Tintenfischen oder Thunfisch mit Balsamessigeis. Der richtige Platz, um sich ein italienisches Menü mit Antipasto, Nudelgang und Fischgericht zu gönnen und einmal nicht aufs Geld zu schauen (Mo mittag geschl.).

Keramik total

Das **Revival**, das Albisolas Töpferwerkstätten mit **Künstlern** des 20. Jh. wie Giacomo Manzù, Lucio Fontana, dem Kubaner Wifredo Lam und dem Dänen Asger Jorn (der ab 1955 abwechselnd in Paris und Albisola lebte) inszenieren, knüpft an eine große Tradition mit modernen Mitteln an. Schon im 15. Jh. war der Ort für seine glasierten **Kacheln** im arabischen Stil berühmt. Sogar die ligurischen Della-Rovere-Päpste ließen sich diese **Laggioni** nach Rom schicken. Bereits 1589 wurde die Keramikerzunftordnung Albisolas, die berühmten **Capitula Artis Figulorum**, schriftlich fixiert. Noch heute ahmt die hochwertige Albisola-Ware Formen und Muster des 18. Jh. nach. Damals, als adlige Auftraggeber ihre Villen ausstatten ließen und Porzellan noch keine bürgerliche Massenware war, explodierte die Produktion nahezu: 25 Mio. Stück sollen jährlich gebrannt worden sein. Im 19. Jh. sattelte man dann auf die Massenproduktion von **Kochgerät** aus Steingut um. Erst um die Wende zum 20. Jh. be-sann man sich wieder auf traditionelle Formen. So fanden etwa Rokokofigurinen vor allem in Amerika begeisterte Abnehmer. Daneben wurde schon in den 1920er-Jahren mit futuristischen Designs experimentiert. Heute koexistieren in den **Botteghe** Albisolas Avantgarde und Tradition, Kitsch und Kunst.

Wer Töpfern bei ihrer Arbeit zusehen und fertige Produkte direkt ab Werkstatt erstehen möchte, findet bei **Ceramiche San Giorgio** (Corso Matteotti 5/R, Tel. 019 48 27 47) Gelegenheit.

Routinierte Fingerfertigkeit, Formgefühl und Akribie bestimmen die Töpferkunst von Matteo und Giovanni Poggi in der Werkstatt von Ceramiche San Giorgio in Albisola

28 Albisola

Badeort und Zentrum der ligurischen Keramikherstellung.

Villa Faraggiana – Sassello

Albisola, auf den ersten Blick nüchtern und modern wirkend, besteht aus den zwei Stadtteilen Albisola Superiore und Albisola Marina, die durch den Sansobbia-Fluss getrennt werden.

Das östliche **Albisola Superiore** reicht zwar bis zum Meer, bewahrt aber eine reizvolle Oberstadt mit der Kirche **San Nicolò** aus dem 17. Jh., die sehenswerte barocke Holzstatuen bewahrt, und der zierlich anmutenden **Villa Gavotti** (Via della Rovere, Tel. 019 48 79 83, in Privatbesitz und nur im Rahmen von Sonderausstellungen zu besichtigen). Das Geburtshaus Papst Julius II. wurde 1739–53 von dem Dogen Francesco Maria della Rovere aufwendig umgebaut und reich mit Goldstuck ausgetaltet. Eine Ruhezone zwischen Autobahn und Neubauten bildet der prachtvolle Park, der die Rokoko-Villa umgibt.

Dem Thema ›Keramik‹ widmet sich an der Uferpromenade das in der einstigen Werkstatt des namengebenden einheimischen Künstlers eingerichtete **Museo della Ceramica Manlio Trucco** (Corso Ferrari 193, Tel. 019 48 22 95, Mitte Juni-Mitte Sept. Di–Sa 8.30–12.30, Mitte Sept.-Mitte Juni Mi/ Fr 14–18.30, Di/Do/Sa 8.30–12.30 Uhr). Den Schwerpunkt der Sammlung bilden traditionelle Werkstücke aus der Produktion von Albisola sowie moderne Designs aus Künstlerhänden etwa von Emanuele Luzzati und Arturo Martini. Daneben sind antike Keramikfunde aus der Region zu bewundern.

Zeitgenössische Kunst zeigt nahebei die **Collezione Permanente di Arte Contemporanea ›La Stella‹** (Via Colombo 46, Tel. 019 48 43 65, Di–Sa 16–19, So 10–12). Ihr Fokus richtet sich ebenfalls auf ligurische Schaffenskraft, zum Repertoire zählen Skulpturen von Franco Bratta (*1936) und Roberto Bertagnin (1914–2008) sowie Malerei von Guglielmo Bozzano (1913–1999) und Antonio Sabatelli (1922–2002).

Art and Fun ist in **Albisola Marina**, seit Jahrhunderten für seine Keramik berühmt, angesagt. Zu den großen Sehenswürdigkeiten in dem belebten Badeort zählt die 1963 von zeitgenössischen Künstlern gestaltete Keramik-Promenade **Lungomare degli Artisti**. Ein mexikanischer Feigenkaktus, natürlich aus grellbunt bemalter Majolika, heitert die Uferstraße zusätzlich auf.

Blumen schmücken den Weg der Infiorata-Prozession in Sassello

Ein frühes Keramikbild findet man in der Barockkirche **Nostra Signora della Concordia** (Neobarockfassade, 20. Jh.) im Zentrum der kleinen Altstadt. Die figurenreiche ›Geburt Christi‹ (rechts im Kirchenschiff) wurde 1576 von Girolamo Urbinate und Agostino Salomone aus glasierten Kacheln getöpfert.

Ausflüge

Unbedingt sollte man auch die landeinwärts gelegene **Villa Faraggiana** (Mitte März–Sept. Di–So 15–19 Uhr, letzter Einlass 18.15 Uhr) mit ihrem verwilderten Park besuchen. Der 1730 für den Dogen Girolamo Durazzo errichtete Komplex wurde 1961 vom letzten Besitzer der piemontesischen Stadt Novara vermacht. Zu der historischen Innenausstattung gehört das Dogenschlafzimmer mit originalem Stuck und Prunkbett.

Der schweizerisch anmutende Luftkurort **Sassello** (23 km) nahe der Grenze zu Piemont zeigt sich am Sonntag nach Fronleichnam von seiner schönsten Seite. Dann zieht bei der **Infiorata** die Prozession durch mit Blütenteppichen und Bildern geschmückte Straßen. Dabei hat man auch Gelegenheit, die lokalen Mandel-*Amaretti* und Steinpilze zu probieren.

TOP TIPP

i Praktische Hinweise

Information

IAT, Piazza Lam, Albisola Superiore, Tel. 01 94 00 25 25, www.albisolaturismo.it

Restaurant

Trattoria La Familiare, Piazza del Popolo 8, Albisola, Tel. 019 48 94 80. Ligurische Gerichte in der Altstadt von Albisola Marina (Mo geschl.).

29 Savona

Industrie- und Hafenstadt mit charmantem Altstadtkern.

Vado del Ligure – Altare – Millesimo

Die Provinzhauptstadt Savona mit Industriehafen und Neubauvierteln Richtung Vado schreckt viele Besucher zunächst ab. Dabei hat die drittgrößte Stadt Liguriens (61 000 Einw.) eine reizvolle Altstadt mit kostbar ausgestatteten Kirchen und gut sortierten Geschäften sowie den ambitionierten Museen-Komplex auf der Fortezza del Priamar zu bieten.

Geschichte Die altligurische Hüttendorfsiedlung der *Sabatier* lag auf dem Priamar-Hügel. Im Zweiten Punischen Krieg standen die Bewohner aufseiten der Karthager. Durch den Bau der *Via Aemilia Scauri* erfuhr zunächst die nahe gelegene Station *Vada Sabatia* (Vado) einen bedeutenden Aufschwung.

Savona selbst sollte erst im Verlauf des frühen Mittelalters durch die strategische Position der **Uferzitadelle** zu einer der

Einen hübschen Anblick bieten die Fischerboote im Hafen von Savona

mächtigsten Städte Liguriens anwachsen. Savona nahm am 1. Kreuzzug teil und unterhielt ausgedehnte Handelsverbindungen, die bis nach England und Flandern reichten. 1472 begann hier eine der ersten Buchdruckereien Italiens zu arbeiten. Auch die **Renaissance-Päpste** Sixtus IV. und Julius II. aus der Familie *Della Rovere* hatten in Savona ihre Hausmacht. 1528 entledigte sich Genua der Rivalin auf brutale Weise: Das Hafenbecken wurde zugeschüttet und der Priamar zur Zwingburg ausgebaut. Die Bevölkerung ging von 18 000 auf 6000 zurück. Eine verarmende Stadt, der ein weiterer Papst traurigen Glanz verlieh: Pius VII. lebte hier 1809–12 praktisch als Gefangener Napoleons.

Doch nach der italienischen Einigung 1861 setzte ein neuer Aufschwung ein, der sich industriell und städtebaulich niederschlug. 1882 wurde z. B. die zentrale Laubenstraße, die Via Paleocapa, ausgebaut. Selbst die Bombenschäden des Zweiten Weltkriegs haben den drittgrößten Hafen Liguriens nicht in seiner Position als lebendiges, wirtschaftliches Zentrum beeinträchtigen können. Fiat und Lancia aus Turin lassen hier verladen – 3000 Neuwagen fasst der 14-stöckige Autosilo.

Besichtigung Direkt am Hafenbecken fällt die **Torre Leon Pancaldo** 1 auf. Der Festungsturm des 14. Jh. – ehemals Teil der Stadtmauer – trägt den Namen des aus Savona gebürtigen Steuermanns von Magellan, der als erster Europäer Kap Hoorn umschiffte. In den Laubengängen *(Portici)* der von hier ausgehenden Prachtstraße **Via Paleocapa** haben sich anspruchsvolle Läden eingemietet.

Im eleganten, 1570–80 erbauten Palazzo Gavotti an der Piazza Chabrol residiert heute die **Pinacoteca Civica** 2 (Piazza Chabrol 1, Tel. 019 83 10 256, Mo–Sa 10–13.30, Do–Sa 15.30–18.30, So 10–13.30 Uhr). Neben kostbaren Apothekergefäßen und Keramiken des 17. Jh. umfasst die Sammlung Altarbilder von Taddeo di Bartolo aus Siena und Ludovico Brea, die nach der Säkularisation in den 1960er-Jahren aus Kirchen entfernt wurden. Unter den Barockgemälden fallen ein ›Liebespaar mit Papagei‹ von Domenico Fiasella gen. Il Sarzana und ein groteskes ›Maskenfest mit Konfekt haschenden Kindern‹ eines unbekannten Malers auf. Dem internationalen Kunstschaffen des 20. Jh. widmet sich die zur Pinakothek zählende **Fondazione Museo di Arte Contemporanea Milena Mileni in memoria di Carlo Cardazzo**. Ihr Spektrum reicht von Künstlern wie Alexander Calder, Giorgio de Chirico, Lucio Fontana, Pablo Picasso, Asger Jorn und René Magritte bis hin zu Man Ray und Cy Twombly.

Nächtliches Schachspiel der Türme in Savona – mit der Torre del Brandale

Auf der Via Quarda Superiore passiert man den **Palazzo della Rovere** 3. Die Residenz des Kardinals Giuliano della Rovere, des späteren Kriegspapstes Julius II., wurde ab 1495 von *Giuliano da Sangallo* im toskanischen Stil mit sparsamer Pilastergliederung erbaut. Daneben steht die **Torre del Brandale** 4, ein von den genuesischen Zwingherren verstümmelter Turm des 12. Jh. mit Erdgeschossarkaden, der 1932 wieder auf seine ursprüngliche Höhe von 50 m aufgestockt wurde. In ihm hängt die berühmte Stadtglocke *a Campanassa*.

Weiter südlich erhebt sich eine der stärksten Festungen der ligurischen Küste. Die Genuesen ließen die **Fortezza del Priamar** 5 (Mitte Juni–Mitte Sept. tgl. 9–24, sonst tgl. 9–18.30 Uhr) im Jahre 1542 als Zwingburg auf dem Küstenhügel errichten. Heute dienen die alten Bauten als multifunktionales Museums- und Ausstellungszentrum. So befasst sich im Palazzo della Loggia das **Museo Storico Archeologico** (Tel. 019 82 27 08, Mitte Juni–Mitte Sept. Mi–Mo 10.30–15, sonst Mi–Fr 9.30–12.30, 14.30–16.30, Sa–Mo 10.30–15 Uhr) mit der ältesten Besiedlung des Priamar-Hügels und präsentiert u. a. Terrakotta-Sarkophage des 5. Jh. n. Chr. Die **Collezione d'Arte Sandro Pertini** (Palazzo della Loggia, Tel. 019 81 48 22, So/Mo 10.30–15 Uhr oder nach Voranm.) zeigt die Sammlung des ehem. Staatspräsidenten Pertini (1896–1990), der aus Stella bei Savona stammt. Zu sehen sind Werke von

Nicht nur in, auch vor der Fortezza del Priamar gibt's Kunst zu sehen

Künstlern des 20. Jh. wie Ottone Rosai, Graham Sutherland, Henry Moore und Filippo de Pisis, ein Bildnis Pertinis von Ilya Glazunov sowie 50 monumentale Skulpturen der einheimischen Bildhauerin *Renata Cuneo* (1903–1995).

Eine weitere ungewöhnliche Statue lässt sich an der **Piazza Eroe dei due Mondi** 6 bestaunen. Leonardo Bistolfi hat in seinem **Garibaldi-Denkmal** von 1928 den ligurischen ›Helden der zwei Welten‹ auf einem mit futuristischer Muskulösität vorschnellenden Hengst dargestellt.

Ganz in der Nähe steht ein Kleinod des frühen Klassizismus: Der ›pompejanische‹ **Tempietto Boselli** 7, ein fayenceverzierter Gartenpavillon mit Sphingenfries und Theatermasken (1786), repräsentiert ein Stückchen heiterer Villenkultur mitten in der Stadt.

Auf der Via G. Caboto, die an den ligurischen Entdecker Neufundlands erinnert, geht es wieder in die Altstadt bis zur **Cattedrale Santa Maria Assunta** 8 (Tel. 0198389636, Sa 10–12, 16–17.15, So 16–17.15, Mo 10–12 Uhr). Sie wurde 1589–1605 von Battista Sormano aus Como auf der Anlage des ehem. Franziskanerklosters errichtet – die *alte Kathedrale* auf dem Priamar hatte der genuesischen Zitadelle weichen müssen. Die neobarocke Fassade blendete Guglielmo Calderini, der Architekt des elefantösen römischen Justizpalastes, erst 1886 vor. Der spätmanieristische dreischiffige *Innenraum* enthält noch Ausstattungsstücke des Vorgängerbaus: Gleich an der Eingangswand wird ein kolossales byzantinisches Kapitell, das im 12. Jh. zu einem Taufbecken umgearbeitet wurde, von orientalisierenden Marmorgittern des 15. Jh. eingegrenzt. Besondere Beachtung verdient außer der *Kanzel* von 1522 ein vergoldetes Schieferrelief über dem linken Seiteneingang mit der Darstellung ›Mariä Himmelfahrt‹ (14. Jh.) und das kostbare *Chorgestühl* mit Intarsien, das 1500–21 von lombardischen Meistern geschnitzt wurde. Das hochverehrte *Gnadenbild* der ›Madonna della Colonna‹ hingegen wurde im 15. Jh. auf eine Säule der alten Kirche San Francesco freskiert. Bei der Ausschmückung der neuen Kathedrale mit Barockgemälden wirkten u. a. Lanfranco und Il Sarzana mit, der *Hochaltar* stammt von 1765, die Kuppel wurde erst 1840 ausgeführt.

Weitere Kostbarkeiten wie den Kirchenschatz der alten Kathedrale lassen sich im **Museo del Santuario di Nostra Santa Misericordia** (Piazza del Santuario, Tel. 019833 1212, www.santuariosavona.eu, Do 15–17, So 9.30–12.30 Uhr) bestaunen, den man vom Chor aus betritt. Prunkstück unter den liturgischen Gerätschaften ist der *Bischofsstab* Papst Julius II. aus

Savona hat auch eine – die Cappella Sistina ließ Papst Sixtus IV. für seine Eltern errichten

einer rheinischen Goldschmiedewerkstatt des 13. Jh. (im 15. Jh. neu gefasst). Sehenswert sind ferner *Gemälde* von Ludovico Brea und des Meisters von Hoogstraten (um 1500).

Neben dem rechten Seitenausgang, der in den alten franziskanischen *Kreuzgang* mit Heiligenstatuen der Vorgängerkathedrale führt, fällt die Empore des Papstes Pius VII. in den Blick.

TOP TIPP Hier befindet sich auch der Haupteingang der **Cappella Sistina** 9 (Sa/So 10–12, 16–18, März–Nov. nur 10–12 Uhr), die Papst Sixtus IV. 1481–83 als Mausoleum für seine Eltern Leonardo della Rovere und Luchina Monleone bauen ließ. Der *Innenraum* wurde 1762/63 mit farbigem Rokokostuck dekoriert, Tommaso Roccatagliata baute 1764 die *Orgel* auf der prachtvollen, mit Geigen und anderen Musikinstrumenten verzierten Sängerempore. Die *Deckenfresken* malte ein Savoneser – Paolo Gerolamo Brusco, gen. Il Bruschetto (1742–1820). In den Gewölbezwickeln sind Papstwappen mit dem Steineichen-Emblem der Familie Rovere zu entdecken. Das *Grabmonument* an der linken Wand von Michele und Giovanni d'Aria zeigt den Papst, der seine knienden Eltern der Madonna mit dem Christuskind anempfiehlt.

Ein kostbares Tafelbild lässt sich in dem meist nur zum Sonntagsgottesdienst geöffneten Rokoko-Oratorium **Santa Maria di Castello** 10 nördlich der Kathedrale bewundern. Vincenzo Foppa aus Brescia und Ludovico Brea aus Nizza malten 1489/90 den großen *Flügelaltar*, der die Gottesmutter im Kreise von Heiligen zeigt. An der Ecke der Via Pia zur Via Paleocapa sollte man das **Oratorio del Cristo Risorto** 11 von 1604 nicht versäumen. Neben dem Rokokostuck des Altarraums bietet es als besondere Sehenswürdigkeit drei große *Casse*, Figurengruppen für die Karfreitagsprozession im spanischen Stil. Neben Antonio Maria Maraglianos ›Mariä Heimsuchung‹ von 1725 und der ›Addolorata‹ des lokalen Schnitzers Filippo Martinengo (18. Jh.) beeindruckt die ›Grablegung Christi‹ allein durch ihr Gewicht von 1400 kg!

Die weite Piazza Diaz wird von der Fassade des **Teatro Chiabrera** 12 (Tel. 019 82 04 09, www.teatrochiabrera.it, Mo–Sa 10–12, 16–19 Uhr) beherrscht. Dieses Stadttheater (1846–53) trägt den Namen des Savoneser Poeten Gabriello Chiabrera (1582–1638), der in Oden gegen Martin Luther wetterte und dessen Gedichte von Monteverdi vertont wurden. An moderner Architektur Interessierte sollten schließlich einen Blick auf den **Palazzo della Provincia** 13 und die schon jenseits des Letimbro-Flusses gelegene **Stazione** 14 werfen, dem von Pier Luigi Nervi, dem Architekten der Olympiade 1960 in Rom, erbauten Hauptbahnhof.

Ausflüge

Im angrenzenden Öl- und Industriehafen **Vado del Ligure** zeigt das **Museo Civico di Villa Groppallo** (Tel. 0 19 88 39 14, Mi/Sa/So 9–12, Do–So 16–19 Uhr) in einer Villa des 18. Jh. Skulpturen, Gemälde und Grabmäler einheimischer Künstler vor allem des 20. Jh.

Interessant ist die Fahrt ins Landesinnere, in den Glasbläserort **Altare** (15 km). Seine bis ins 12. Jh. zurückreichende Handwerkstradition dokumentiert das in der Villa Rosa eingerichtete *Museo del Vetro* (Piazza Consolato 4, Tel. 019 58 47 34, www.museodelvetro.org, So–Fr 16–19, Sa 15–19 Uhr), das auch wertvolle Jugendstilvasen besitzt. Über das sich nördlich anschließende *Bormida-Tal* marschierte einst Napoleon nach Ligurien ein. Hier lohnt vor allem das romantische **Millesimo** mit seinem gut erhaltenen mittelalterlichen Kern einen Abstecher. Überregionale Bekanntheit genießt der Ort zudem für seine Trüffel-Gastronomie, deren Quelle die nahen piemontesischen Langhe sind. Wanderfreunde nutzen Millesimo gerne als Ausgangspunkt für Touren in diese einzigartige Erosionslandschaft.

Praktische Hinweise

Information

Ufficio Turismo, Fortezza del Priamar, Corso Mazzini, Savona, Tel. 01 98 31 03 25, www.comune.savona.it

Ufficio di Informazione ed Accoglienza Turistica di Savona, Via Paleocapa 76r, Savona, Tel. 01 98 40 23 21, www.inforiviera.it

Einkaufen

Antiquitätenmarkt am 1. Samstag und Sonntag im Monat

Hotel

Il Respiro del Tempo, Via Don Peluffo 8, Quiliano, Tel. 01 98 87 87 28, www.ilrespirodeltempo.com. Schlafen unter Fresken in einem Bed & Breakfast 7 km westlich von Savona.

Restaurants

Osteria da Bacco, Via Quarda Sup. 19 r, Savona, Tel. 01 98 33 53 50. Stockfisch-Lokal mit roten Stühlen und Schiefertafel beim Torre del Brandale (So geschl.).

Vino e farinata, Via Pia 15 r, Savona. Einheimisch, gut und preiswert (So, Mo und Sept. geschl.).

Wandern zwischen echten Trüffeln und steinernen Pilzen

Direkt an der Grenze zu den für Barolo-Wein und Trüffel berühmten piemontesischen Langhe erstreckt sich der

TOP TIPP

landschaftlich äußerst reizvolle Naturschutzpark von **Piana Crixia** (Anfahrt von Savona über Altare oder von Millesimo über die SS 29). Gut ausgeschilderte **Wanderwege** führen durch das mergelige Terrain, das im Laufe der Jahrhunderte bizarre Erosionsformen ausbildete. Hauptsehenswürdigkeit ist der sog. **Fungo**, der sich als weithin sichtbarer Blickfang über dem fruchtbaren **Val Bormida** erhebt: Der rund 15 m hohe ›Steinpilz‹ aus einem Felsblock scheint auf einem dünnen Stiel von Konglomeratgestein zu balancieren, bereit, jeden Augenblick hügelabwärts zu rollen. Verpflegung und Unterkünfte sowie einen Wohnmobilstellplatz gibt es in Piana Crixia.

Comune di Piana Crixia,
via Giovanni Chiarlone 47,
Piana Crixia, Tel. 019 57 00 21,
www.parks.it/parco.piana.crixia

Malerisch schmiegt sich Noli in eine Bucht der Riviera di Ponente

30 Noli

Seerepublik en miniature mit einer schönen Altstadt voller Türme.

Spotorno – Bergeggi

In diesem ehem. Stadtstaat, der bis 1797 seine Unabhängigkeit wahrte, lässt sich der Reiz einer kleinen Stadt (2800 Einw.) besonders angenehm erleben. Intime Plätze, Kolonnaden, Stadttürme und andere Zeugen stolzer Vergangenheit locken zu einem geruhsamen Aufenthalt voll kleiner Entdeckungen. Man kann einfach den Fischern zuschauen oder zu den Festungstürmen hinaufwandern.

TOP TIPP Am 2. Septembersonntag zur **Regata dei Rioni** erwacht Noli zum Leben, wenn die vier Stadtviertel *(Rioni)* ihre Kräfte bei einer Ruderregatta in historischen Kostümen messen.

Geschichte Das byzantinisch-griechische Wort *Neapolis* wurde im Laufe der Zeit zu Noli abgeschliffen. Die Männer aus Noli nahmen am 1. Kreuzzug teil und konnten durch das Bündnis mit Genua 1193 endgültig die feudale Oberherrschaft der Del Carretto von Finale abschütteln. Bis zur napoleonischen Eroberung blieb Noli ein selbstständiger Zwergstaat, dessen Grenzen bereits die umliegenden Küstenberge bildeten. Ihrem Rang gemäß hatte die Stadt von 1239 bis 1820 auch einen eigenen Bischof.

Eine sportliche Herausforderung ist die traditionsreiche Regata dei Rioni in Noli

Besichtigung In der engen, ansprechenden **Altstadt** stößt man auf viele mittelalterliche Details. Spektakulärste Zeugen sind die bis zu 40 m hohen Backsteintürme des 13./14. Jh.: **Torre Comunale**, **Torre del Canto** und **Torre Papone** – von Letzterem führt eine Brücke zur Stadtmauer. Emsige Spurensucher können nach weiteren Resten der einstmals 72 *Stadt-* und *Geschlechtertürme* fahnden: Jede Familie, die für Genua eine Kriegsgaleere ausrüstete, durfte einen eigenen Wohn- und Wehrturm errichten. Die Lauben der **Loggia della Repubblica** sowie zahlreiche Inschriften und Wappen erinnern an ehrwürdige Bürger und noble Ahnen der kleinen Seefahrerstadt.

Im Zentrum der Altstadt steht die **Cattedrale San Pietro**, ein Bau des 13. Jh., der im 16. Jh. barock modernisiert wurde. Die Reliquien des hl. Eugenio, des Schutzpatrons der Stadt, werden zusammen mit dem Kirchenschatz in der Kathedrale aufbewahrt. Wer zum ehem. Castello der Markgrafen Del Carretto auf der Bergkette des Monte Ursino aufsteigt, kann den weiten Blick bis Genua genießen.

Am südlichen Altstadtrand lockt eines der bedeutendsten Baudenkmäler der Region, die – unter dem heutigen Bodenniveau liegende – romanische **Chiesa San Paragorio** (Di/Do/Fr 10–12.30, Sa/So 10–12.30, 15–17 Uhr), deren Ursprünge bis ins 11. Jh. zurückreichen. In den Jahren 1239–1572, als Noli Bischofssitz war, hatte sie sogar den Status einer Kathedrale. Seit den durchgreifenden Restaurierungen von 1889/90 und 1997 ist der ursprüngliche Zustand des 11. Jh. wieder hergestellt. Der *Außenbau* ist gänzlich mit schlanken, in Doppelbogen auslaufenden Lisenen geschmückt. Das *Hauptportal* an der linken Seite wird von antiken Sarkophagen und gotischen Arkosol-Gräbern flankiert, während die türlose Westfassade teilweise von der alten Bahntrasse verdeckt wird. Den dreischiffigen *Innenraum* überspannt im Mittelschiff eine rekonstruierte offene Holzdecke mit originalen Farbspuren. Der *Ambo* (Evangelienkanzel, links vom Eingang) und das *Immersionsbecken* für Ganzkörpertaufe sind ebenfalls Rekonstruktionen. Original aus dem 12. Jh. datiert hingegen das bemalte *Kruzifix* im Stil des bekleideten ›Volto Santo‹ von Lucca (rechtes Seitenschiff). In der Hauptapsis steht schließlich der stark ergänzte hölzerne Bischofsthron aus dem 13. Jh.

2 km östlich von Noli begrenzen Palmen den langen Sandstrand des heute recht verbauten **Spotorno**, wo der englische Schriftsteller D. H. Lawrence (1885–1930) mit seiner deutschen Frau Frieda von Richthofen-Weekley längere Zeit gelebt hat. Die beiden *Stabilimenti* (Badeanstalten) *Colombo* und *Cerutti* sind historisch: Sie wurden 1872 eröffnet.

Etwas weiter hat sich die einstige genuesische Strafkolonie **Bergeggi** zu einem Badeort entwickelt. Die gleichnamige Insel, auf der in der Antike ein Leuchtturm stand und im Mittelalter Benediktiner siedelten, darf als *Naturschutzreservat* nicht betreten werden.

Reise-Video: Noli
QR-Code scannen [s. S. 5] oder dem Link folgen: www.adac.de/rfo269

Praktische Hinweise

Information

IAT, Corso Italia 8, Noli,
Tel. 01 97 49 90 03, www.inforiviera.it

Hotels

*****Miramare**, Via Aurelia 70, Spotorno, Tel. 019 74 51 16, www.hotelmiramare spotorno.it. Das schönste Uferhotel im Palazzostil von 1902.

TOP TIPP ***Palazzo Vescovile, Piazzale Rosselli, Noli, Tel. 0197499059, www.hotelvescovado.it. Die einstige Bischofsresidenz mit traumhaftem Seeblick ist heute charmante Herberge mit stilvoll möblierten Zimmern, exquisitem Restaurant, Solarium und für Hotelgäste reservierten Strandplätzen.

*Glicine, Piazza Garibaldi 7, Noli, Tel. 019748168, www.albergoilglicine.eu Freundliches Hotel an romantischer Altstadtpiazza.

Restaurant

Da Sandro, Loggia della Repubblica, Noli, Tel. 0197485170. Neapolitanische Pizza unter Lauben serviert (Di geschl.).

31 Finale Ligure

Drei Städtchen mit bezaubernder, abwechslungsreicher Urlaubsatmosphäre.

Finale Marina – Finalpia – Finalborgo – Perti

Finale Ligure besteht aus drei Ortszentren: dem lebendigen **Finale Marina** mit heiterer Strandpromenade, dem mittelalterlich-intakten **Finalborgo** in Berglage und dem eher selten besuchten **Finalpia**, das sich östlich an den ausgedehnten Sandstrand von Marina anschließt.

Geschichte Das Caprazoppa-Kap westlich von Marina bildete einst die Grenze zwischen den ligurischen Stämmen der Sabatier und Ingauner und wurde darum von den Römern *Ad Fines* genannt. 1142 bemächtigten sich die Markgrafen *Del Carretto* Finales, das neben Savona die zweite Hauptstadt ihres Fürstentums war. Nach jahrhundertelangen Auseinandersetzungen mit **Genua** fiel Finale nach dem Tod des letzten Grafen 1698 zunächst an die Spanier und dann an den österreichischen Kaiser, der es 1713 endgültig an Genua verkaufte. Heute zählen neben dem Tourismus eine Flugzeugwerft und Steinbrüche, in denen ein begehrter weißer Kalkstein *(Pietra di Finale)* gebrochen wird, zu den wichtigen Erwerbszweigen.

Besichtigung Den Mittelpunkt der ›schönsten Palmenpromenade Europas‹ und des Centro Storico von **Finale Marina** bildet die **Piazza Vittorio Emanuele II**. Der sich zum Meer öffnende *Triumphbogen* wurde 1666 zu Ehren der spanischen Infantin Margherita errichtet, die Finale auf der Fahrt zu ihrer Hochzeit mit Kaiser Leopold I. besuchte. Der erste spanische Bourbone, Philipp V., stieg 1702 im *Palazzo*

Mit sportlichen Herausforderungen und Bilderbuch-Panorama lockt die Küste von Finale Ligure

Eine romantische Kulisse für den abendlichen Giro bietet die Altstadt von Finalborgo

Buraggi (16. Jh.) links vom Bogen ab. Palazzi des 17. Jh. mit Laubengängen rahmen die Rückseite der lebendigen Piazza.

Von hier führen angenehme Einkaufsstraßen (umlagerter Eismacher *Il Dattero*, Via Garibaldi 46) nach links zur Hauptkirche **San Giovanni Battista**, die 1675 geweiht wurde. Sie besitzt eine der wenigen originalen Barockfassaden Liguriens (1762) mit üppigen Stuckverzierungen. Im *Inneren* fallen die Doppelsäulen auf – ein Architekturmotiv, das sich häufig in Genua findet. Ostwärts führt die Via Colombo zum **Arco di Carlo Alberto**, einem ›Stadttor‹, das 1836 anlässlich des ersten Tunnels durch das Kap von Caprazoppa errichtet wurde.

Gleich dahinter bilden die Bastionen des **Castelfranco** (1365–67), die einst bis ans Meer reichten, die Ortsgrenze zu **Finalpia**. Der sehenswerte Konvent **Santa Maria di Pia** liegt jenseits der Brücke über den Sciusa. Von der durchgreifenden Barockisierung der Kirche (1724–29) blieb nur der fünfgeschossige *Campanile* des 13./14. Jh. an der rechten Flanke verschont. Der pompöse *Hauptaltar* fasst eine ›Madonna mit Kind‹ (um 1400) Niccolò da Voltris: der Christusknabe hält einen Stieglitz, der als ›Dornbuschbewohner‹ auf das Martyrium der Dornenkrönung anspielt. Die kostbare *Orgelempore* schnitzte 1551 Antonio da Venezia. Die Sakristei und die Klostergebäude mit zwei Kreuzgängen bergen mehrere Terrakotten der Della-Robbia-Schule. Diese hatte der toskanische Benediktinerorden vom Monte Oliveto, der hier 1477 einzog, aus seiner Heimat mitgebracht.

Ein geschlossenes historisches Stadtbild präsentiert das reizvolle **Finalborgo**, das 2 km landeinwärts am Zusammenfluss von Pora und Aquila liegt. Der Mauerring mit den gut erhaltenen Stadttoren *Porta Testa*, *Porta Reale* und *Porta Romana* entstammt weitgehend dem 15. Jh., als Giovanni del Carretto Finalborgo nach der Verheerung 1449 durch genuesische Truppen als Regierungssitz ausbaute. Marmorreliefs, u. a. mit dem ›Triumph des Hauses Del Carretto‹, schmücken z. B. die Innenseite des Stadtmauertrakts von 1452 bei der Porta Reale.

Hier grenzt auch die unvollendete Barockfassade (1634–59) des Duomo **San Biagio** an. Vom 1449 zerstörten Vorgängerbau blieb die in die Stadtmauer eingegliederte Apsiszone erhalten. Auch der hochgotische achteckige Campanile mit Spitzturm und doppelbogigen Fenstern wurde 1463 auf den Grundmauern einer Bastion errichtet. Der *Innenraum* ist aufwendig mit Marmor ausgestattet, die *Rokoko-Kanzel* des einheimischen Bildhauers Pasquale Bocciardo (1765) zeigt neben den Evangelistensymbolen auch den im Wagen gen Himmel fahrenden Propheten Elias, Hommage an den ›Karren‹ im Wappen der Del Carretto. Den *Hauptaltar* und die Statuengruppe ›Taufe Jesu‹ beim Eingang meißelte sein Sohn Domenico Bocciardo. Ein *Triptychon* von

Fantastische Tropfsteinformationen – effektvoll beleuchtet in den Grotte di Toirano

1513 im lombardischen Stil stellt die ›Mystische Vermählung der hl. Katherina von Alexandrien mit dem Christusknaben‹ dar (1. Altar rechts). Am 2. Seitenaltar ist das Martyrium der aufs Rad geflochtenen Heiligen zu sehen. Der Piemontese Oddone Pascale schuf 1533 diese monumentale *Altarwand* mit ihrem reich verzierten Rahmen.

Auf der Via Torcelli spaziert man zur zentralen **Piazza Garibaldi**, deren alter Name Piazza delle Erbe (Kräuterplatz) an ihre Funktion als Gemüsemarkt erinnert. Am 1. Wochenende des Monats findet heute stattdessen ein *Antiquitätenmarkt* statt. Ansonsten kann man bei einem Campari einen weiteren *Ehrenbogen* (1666) für die spanische Braut Margherita betrachten, der allerdings bescheidener als in Finale Marina ausgefallen ist. Geradeaus stößt man auf die **Piazza del Tribunale**. Der martialische Eindruck des Gerichts- und Verwaltungsplatzes wird heute durch Topfpflanzen und Blumenstillleben gemildert. Der Palazzo del Tribunale (15. Jh., im 18. Jh. umgebaut) bewahrt ein Renaissance-Portal aus schwarzem Marmor und daneben ein spätgotisches Türsturz-Relief: Unter den vier Kardinaltugenden fällt die Justitia mit gezücktem Schwert auf.

Zum Abschluss kann man sich noch im **Museo Archeologico del Finale** (Tel. 019 69 00 20, www.museoarcheofinale.it, Juli/Aug. Di–So 10–12, 16–19, Sept.–Juni Di–So 9–12, 14.30–17 Uhr) über die Geschichte des Finalese informieren. Die Sammlung mit vor- und frühgeschichtlichen, antiken und mittelalterlichen Funden nutzt einen der beiden Kreuzgänge des Dominikanerinnenklosters **Santa Caterina**. Sehenswert ist auch der Saal mit den nautischen Exponaten. Der 1359 gegründete Konvent diente zudem als Grablege der Del Carretto. Nach der Säkularisation war in den mächtigen Mauern 1864–1965 ein Gefängnis untergebracht.

Ausflüge

Das fast verlassene Dorf **Perti** oberhalb von Finalborgo lässt sich am besten auf steilen, landschaftlich reizvollen Wegen erwandern (ca. 15 Min.). Die hinaufführende Strada Berretta beginnt beim *Castel San Giovanni* (17. Jh.) hinter dem Tribunalpalast. Hauptsehenswürdigkeiten der im Mittelalter wichtigen Wegstation Perti sind zwei Bauten des 15. Jh.: Der Festungsturm des **Castel Gavone** ist mit Bossen im sog. Diamantquaderschliff dekoriert. Die einsame Kirche **Nostra Signora di Loreto** entzückt durch fünf charakteristische Spitztürmchen. Dieser im Volksmund *Chiesa dei Cinque Campanili* genannte Bau ahmt ein Hauptwerk der Mailänder Frührenaissance nach, die berühmte Portinari-Kapelle Michelozzos in S. Eustorgio. Im ehem. Ortskern bewahrt die Kirche S. Eusebio eine romanische Hallenkrypta des 10./11. Jh.

Der Stadtteil **Varigotti**, 3 km östlich von Finalpia, ist wegen seines langen Strandes beliebt. Die *Borgo dei Saraceni* genannte farbenfrohe Altstadt mit ihren Loggien wird von Resten langobardisch-byzantinischer Festungen überragt.

i Praktische Hinweise

Information

APT, Via San Pietro 14, Finale Ligure, Tel. 019 68 10 19, www.inforiviera.it

Hotels

*****Garibaldi**, Piazza Vittorio Emanuele II 5, Finale Ligure, Tel. 019 69 04 53, www.garibaldihotel.com. Traditionshotel an der Piazza von Finale Marina.

****Hotel Gambone**, Via Concezione 37/38, Finale Ligure, Tel. 019 69 26 14, www.hotelgambone.com. Seit vier Generationen im Familienbesitz: Hotel mit Restaurant direkt am Strand.

Restaurants

Alla Vecchia Maniera, Via Roma 25, Finale Ligure, Tel. 019 69 25 62. Schlichter, freundlicher Familienbetrieb mit offenem Backofen, wo man solide *Farinata*, *Panizza* und *Figassin* essen kann (Mi geschl.).

La Familiare, Piazza Vittorio Emanuele II, Tel. 019 69 26 62. Mittags heißt es Nummern ziehen und Schlange stehen für Köstlichkeiten zum Mitnehmen wie vitello tonnato oder insalata russa. Edel-Rosticceria wenige Schritte vom Strand.

Osteria del Castel Gavone, Perti, Tel. 01 96 80 109, www.osteriadelcastelgavone.it. Urige Bergtrattoria mit hausgemachten Pasta-Spezialitäten (Mo, Di mittags geschl., Okt.–Apr. nur Sa/So geöffnet).

32 Toirano

Tropfsteingrotten, Höhlenbären und kontrastreiche Orte zwischen Urlaubstrubel und Tradition.

Loano – Convento di Monte Carmelo – Pietra Ligure – Borgio-Verezzi

Den Ruhm des landeinwärts gelegenen Städtchens **Toirano** machen weniger die mittelalterlichen Häuser des Borgo mit ihren Schieferportalen aus. Die meisten Besucher kommen, um die nahe gelegenen **Grotten** (Tel. 018 29 80 62, www.toiranogrotte.it, tgl. 9.30–12.30, 14–17 Uhr) zu erleben, die zu den größten Italiens zählen. Höhepunkt des Höhlenabenteuers sind die versinterten Fußspuren eines Bären jagenden Cro-Magnon-Menschen (12 000 v. Chr.) in der **Grotta della Bàsura** (Hexengrotte, ca. 1 Std.), in der man auch einen ›Höhlenbärenfriedhof‹ des *Ursus speleologus* fand. Die anschließende **Grotta Inferiore di Santa Lucia** bezaubert durch ihre Tropfsteine, die **Grotta Superiore di Santa Lucia** durch das Panorama, das sich vor der stimmungsvollen Höhlenkirche mit Heilquelle bietet.

Im **Museo Etnografico della Val Varatella** (Via Giuseppe Polla, Tel. 01 82 98 99 68, www.toiranogrotte.it, tgl. 10–13, 15–18 Uhr)

Alltägliches aus Omas Zeiten zeigt das Museo Etnografico della Val Varatella in Toirano

werden vor- und frühgeschichtliche Fundstücke aus der Region sowie Rekonstruktionen des Alltags vergangener Zeiten präsentiert.

Unten an der Küste erstreckt sich das recht verbaute Borghetto Santo Spirito, während *Ceriale* sich zumindest die hübsche zentrale Uferpiazza Vittoria bewahrt hat. Abstecher führen zu dem Bergdorf *Peagna*, zu den Ruinen von Capriolo und zum Naturschutzgebiet des *Parco Torsero* im gleichnamigen Tal, wo zahlreiche Fossilien zu bewundern sind.

Ausflüge

Richtung Genua ist **Loano**, mit Jachthafen und lang gestrecktem Einkaufs-Carrugio, ein bei Familien beliebter Badeort. Die *Altstadt* hat neben dem obligaten Corso, der Via Cavoni, die von einem wappenbemalten Uhrturm geteilt wird, einige historische Bauwerke zu bieten. Der Palast, den sich Andrea Doria 1574–78 von Giovanni Ponzello errichten ließ, beherbergt das **Municipio** (Rathaus). Im Festsaal des Piano Nobile ist ein römisches Fußbodenmosaik des 3. Jh. n. Chr. aus schwarzen und weißen *Tesserae* eingelassen, das 1912 in Loano entdeckt wurde. Erholsam ist schließlich ein Bummel durch den Stadtpark beim Castello Doria (17. Jh.). Oberhalb der Via Aurelia liegt Richtung Finale der **Convento di Monte Carmelo**, der 1603–08 von Andrea Doria II. erbaut wurde (nach 1860 Militärkerker). Sein Adler taucht zusammen mit der Säule der Gemahlin Giovanna Colonna als heraldisches Symbol in den Sockeln der Altarsäulen auf. Ein Bruder der kleinen Karmeliter-Gemeinschaft zeigt Besuchern die schlichten Gräber der Familie Doria (letzte Bestattung 1793).

Für entspannendes Flanieren eignet sich der kleine Nachbarort **Pietra Ligure** mit seinem Castello und dem weiten Domplatz, dessen Schmalseite von der 1750 begonnenen Kirche San Nicolò di Bari eingenommen wird.

Die Doppelgemeinde **Borgio-Verezzi** in Hügellage strahlt altmodische Beschaulichkeit aus. **Borgio**, auf einem 32 m hohen Fels westlich des Caprazoppa-Kaps gelegen, ragt wie eine Oase der Ruhe aus der wuchernden Strandbebauung auf. Am kieselgepflasterten, bühnenbildartig ansteigenden Kirchplatz lässt sich im Schatten der klassizistischen Hauptkirche **San Pietro** die Zeit verträumen. Ein Spaziergang führt zum Friedhof mit der Wallfahrtskirche Madonna del Buon Consiglio (auch San Pietro gen.), deren Glockenturm im 13. Jh. ausgeführt wurde. Die **Grotte di Borgio-Verezzi** (Via Battorezza 3, Tel. 019 61 01 50, www.grottediborgio.it, Juni–Sept. Führungen Di–So 9.30, 10.30, 11.30, 15.20, 16.20, 17.20, Okt.–Mai Di–So 9.30, 10.30, 11.30, 15, 16 und 17 Uhr) mit unterirdischen Seen stehen an Faszination den Grotten von Toirano nur wenig nach.

Im 200 m höher gelegenen **Verezzi** ist man dem Küstenrummel vollends entronnen. Von den vier *Frazioni* Poggio, Roccaro, Crosa und Piazza wird bevorzugt die letztere besucht. Die eng gedrängten Häuser der Via Roma geleiten zur **Piazza Sant'Agostino**. Hier ist Schauen angesagt – tagsüber auf das ferne Meer und die Mandel-, Johannisbrot- und Weinterrassen mit den eisgrauen Trockenmauern, abends auf die Lichter der Küstenorte – und im Sommer auf die Freilichtaufführungen der Theatertruppen (Festival in der ersten Augusthälfte).

i Praktische Hinweise

Information

IAT, Piazzale Grotte, Toirano, Tel. 01 82 98 99 38, www.inforieviera.it

IAT, Corso Europa 19, Loano, Tel. 019 67 60 07

IAT, Via Matteotti 173, Borgio-Verezzi, Tel. 019 61 04 12 (nur saisonal geöffnet)

Restaurants

Da Virginia, Via Mazzini 70, Pietra Ligure, Tel. 019 61 57 55. Seit 1870 gibt's im Imbiss frische Kichererbsen-*Farinata* vom Holzbackofen – um 17 und 20 Uhr.

TOP TIPP **Da Casetta,** Borgio-Verezzi, Via XX Settembre, Tel. 019 61 01 66. Dieser Agriturismo an einer verwunschenen Piazzetta legt Wert auf Gemüsegerichte aus dem eigenen Garten. Probieren Sie gefüllte Kürbisblüten und Pasta mit Walnusssauce (Di geschl. Juni–Sept., im Winter nur Fr/Sa/So geöffnet)

33 Albenga

Mittelalterliche Stadt der Türme.

Isola Gallinara

Albenga gehört zu den besterhaltenen mittelalterlichen Zentren Liguriens. Die in der Schwemmlandebene des Centa-Flus-

Himmelhoch jauchzende Konstellation – die drei Stadttürme von Albenga

ses gelegene, 24 000 Einwohner zählende Stadt konserviert bedeutende Zeugnisse aus Antike und Frühchristentum.

Geschichte Das antike **Albium Ingaunum** war die Hauptstadt des mächtigsten ligurischen Volksstamms, der seefahrenden Ingaunen. Lange widersetzten sie sich im Bund mit dem griechischen Marseille und dem Karthager Hannibal dem römischen Vordringen, bis sie 181 v. Chr. unterworfen, aber politisch geschont wurden. 45 v. Chr erhielten sie das römische Bürgerrecht und profitierten besonders von der Eröffnung der **Via Julia Augusta** 13 v. Chr., die von Vado in die Provence führte. Albigaunum, eine reiche Handelsstation auf dem Weg nach Gallien, wurde im 5. Jh. n. Chr. von Westgoten und Vandalen zerstört. General **Constantius**, Gatte der in Ravenna residierenden Kaiserin Galla Placidia, baute die Stadt wieder auf und schuf die Grundlage für das heutige Straßennetz. Wenige Jahre später (451) wurde der erste Bischof Quintius erwähnt. Nach der langobardischen Eroberung siechte die Siedlung dahin, ständig von den an der Côte d'Azur sitzenden Sarazenen bedroht. Nach deren Vertreibung erholte sich das mittelalterliche **Albingana**, wurde Hauptstadt einer eigenen Mark und erlebte 1050–1250 eine Blüte. Es nahm am 1. Kreuzzug teil und kämpfte im Bund mit Friedrich II. gegen **Genua**. 1251 musste es sich der Seerepublik unterordnen. 1815–63 brachte die Erhebung zur Provinzhauptstadt einen gewissen Aufschwung, heute spielt der **Tourismus** eine entscheidende Rolle für die lokale Wirtschaft.

Besichtigung Die wichtigsten Bauwerke Albengas liegen in unmittelbarer Nähe der **Piazza San Michele**. Hier erheben sich drei hohe romanische Ziegeltürme – ein beliebtes Fotomotiv: der zierlich dekorierte **Campanile** des Doms, links davon die **Torre del Comune** über der Loggia Comunale und gegenüber die schmucklose **Torre del Municipio** über dem Rathaus.

Der Boden der **Cattedrale San Michele Arcangelo** (ab 1270) ist uralter Kirchplatz: Auf frühchristlichen Fundamenten ent-

Feierliche Schlichtheit verströmt das frühchristliche Battistero mit Ganzkörpertaufbecken

stand um 1100 eine romanische Basilika (Bogenreste im unteren Fassadenbereich), die nach 1270 gotisch erweitert wurde. Die spätere Barockisierung ist in den 1960er-Jahren rückgängig gemacht worden – nur das *Hauptportal* legt Zeugnis ab über diese Bauphase. Der wuchtige *Innenraum* ist ein typisches Beispiel ligurischer Frühgotik, die an romanischen Standards wie festem ungegliedertem Mauerverbund und stämmiger Proportionierung der Säulen festhält, aber bereits den modischen Spitzbogen verwendet. Unter der mit einem Arkadenband (um 1300 stark restauriert, Rötelunterzeichnungen von Heiligen) geschmückten *Apsis* wurden Reste einer karolingischen Krypta ergraben. Im rechten Seitenschiff ist eine ›Kreuzigung mit den hll. Antonius Abbas und Johannes sowie einem Stifterbischof‹ (1528) von Cristoforo Pancalino bemerkenswert.

Einen der kunsthistorischen Höhepunkte Liguriens stellt das frühchristliche **Battistero** (um 420) dar, das sich hinter der Loggia Comunale befindet. Das **Civico Museo Ingauno** (Tel. 018 25 12 15, Juni–Sept. Di–So 9.30–12.30, 15.30–19.30, Okt.–Mai Di–So 10–12.30, 14.30–18 Uhr) im Palazzo Vecchio del Comune organisiert die geführte Besichtigung. In der Loggia des Museums sieht man römische Funde und ein Kreuzigungsfresko (15. Jh.). Man steigt dann auf das Bodenniveau des 5. Jh. hinunter. Da dieses nur 1 m über dem Meeresspiegel liegt, wurde das Bauwerk immer wieder von Wassereintritt bedroht. Die von außen zehneckige zweistöckige *Taufkapelle* wird über vergitterte Fenster des 8. Jh. schwach erleuchtet. Im Durchgang befinden sich zwei *Arkosol-Gräber* mit langobardischen Flachreliefs (8. Jh.). Der achteckige *Innenraum* wird durch Fensternischen und bogenstützende Säulen aus korsischem Granit gegliedert. Die herumliegenden Amphoren waren einst zur Gewichtsminderung im (heute ersetzten) Kuppelgewölbe vermauert. In der Mitte steht das große *Becken* für die bis ins 13. Jh. übliche Ganzkörpertaufe. In der Mittelnische hat sich ein blau-goldenes *Mosaik* des 5. Jh. im ravennatischen Stil erhalten. Es zeigt um das Christogramm XP zwölf Tauben als Apostelsymbole sowie Lämmer, die ein edelsteingeschmücktes Kreuz (Crux gemmata) verehrungsvoll umstehen.

Ein mittelalterliches Ensemble stellt auch die **Piazzetta dei Leoni** hinter der Kathedral-Apsis dar, deren lombardische Zwerggalerie von Säulchen aus weißer *Pietra di Finale* [s. S. 92] gegliedert wird. Die drei Renaissance-Löwen aus Peperino-Tuff gaben dem Platz seinen Namen. Hier erhebt sich auch die **Torre Costa**, deren Untergeschoss aus dem 12. Jh. stammt. Der Palazzo Costa del Carretto (1525) mit antiken Inschriften ist jetzt Bischofssitz. Dahinter, im ehem. Bischofspalast, enthält das **Museo Diocesano** (im Sommer Di–So 10–12, 17–19, sonst Di–Sa 10–12, 15–17 Uhr) eine ›Katharinenmarter‹

Guido Renis und einen Caravaggio zugeschriebenen ›Johannes d.T.‹.

Sehr lohnend ist auch das **Museo Navale Romano** (Tel. 0182 51215, Juni–Sept. Di–So 9.30–12.30, 15.30–19.30, Okt.–Mai Di–So 10–12.30, 14.30–18 Uhr), das sich am anderen Ende der Piazza San Michele im *Palazzo Peloso Cepolla* befindet. Hier ist ein sensationeller Glücksfund der Unterwasser-Archäologie ausgestellt. Seit 1950 wurden vor der Insel Gallinara Teile eines 60 m langen römischen Frachtschiffs geborgen, das um 80 v. Chr. gesunken war. Zu seiner Ladung gehörten über 1000 Weinamphoren. Außerdem zeigt das Museum blau-weiße Apotheker-Keramik.

Im **Palazzo Vecchio** an der Piazza S. Michele zeigt die GAMA (Galleria d'Arte Moderna di Albenga, www.gamalbenga.it, Di–Sa 10.30–12.30, 15.30–18.30 Uhr) moderne Gemälde von Kandinsky, Schiele und Picasso.

Schließlich kann man noch einen Blick auf die alte Kirche **Santa Maria in Fontibus** (12. Jh.) rechts von der Kathedrale werfen, die im 17. Jh. barockisiert wurde.

Bei Streifzügen durch das *Centro Storico* lassen sich weitere Geschlechtertürme entdecken und die Ölmühle **Sommariva** (Via G. Mameli 7, Tel. 0182 559222, www.oliosommariva.it) am Rand der Altstadt, die wegen ihres urtümlichen Ambientes einen Besuch lohnt.

Reise-Video: Albenga
QR-Code scannen [s. S. 5] oder dem Link folgen: www.adac.de/rf0262

Eine ganze Schiffsladung römischen Wein kann man im Museo Navale Romano bewundern

Ausflug

Zur kleinen felsigen **Isola Gallinara**, ca. 1,5 km südlich der Centa-Mündung, fahren im Sommer Boote von Albenga und Alassio. Die von dichter Macchia überwucherte Insel ist *Naturschutzgebiet*. Seinen Namen verdankt das Eiland, so zumindest meinten die antiken Autoren Cato und Varro, den dort lebenden wilden Hühnern (lat. gallina). Martin von Tours wählte die Insel Mitte des 4. Jh. für einige Jahre als Einsiedelei. Als ihm zunehmend Anhänger folgten, gründete er hier ein Benediktinerkloster, das bis ins 15. Jh. bestand. Seit 1842 ist es in Privatbesitz.

i Praktische Hinweise

Information

IAT, Piazza del Popolo, Albenga, Tel. 0182 558444, www.inforiviera.it

Hotels

***__Solemare__**, Lungomare C. Colombo 15, Albenga, Tel. 0182 51817, www.albergosolemare.it. Freundliches Hotel an der Strandpromenade mit Restaurant.

Casa Cambi, Via Roma 42, Castelvecchio di Rocca Barbena, Tel. 0182 78009, www.casacambi.it. Eine Antiquitätenhändlerin vermietet Zimmer in ihrem Landgut.

Restaurants

Osteria dei Leoni, Vico Avarenna 1, Albenga, Tel. 0182 51937. Gepflegtes Lokal mit Innenhof, das Fisch und Fleischspezialitäten anbietet (Di geschl.).

Puppo Trattoria, Via Torlaro 20, Albenga, Tel. 0182 51853. Typisch ligurische Küche, Spezialität *Farinata*, wird hier in schnörkellosem Ambiente serviert (Mo geschl.).

Heiter entspanntes Ferienszenario: Strandleben in Alassio

34 Alassio

Zarah Leanders Sandstrand.

Laigueglia

Alassio zählt schon seit Ende des 19. Jh. zu den großen Badeorten der Riviera, u.a. begründet durch die Propaganda des deutschen Badearztes Schneer. Seitdem hat der lange, feine Sandstrand zahlreiche prominente Besucher angelockt, z.B. Beniamino Gigli und Ernest Hemingway. Zum deutschen Stammpublikum zählte Wundergeiger Helmut Zacharias.

Alassio gilt gewissermaßen als deutsche Gründung. *Adelasia*, Tochter des Sachsenkaisers Otto d. Gr., soll mit Aleramo, einem ›Latin Lover‹ des 10. Jh., hierher durchgebrannt sein. Später übernahmen die Benediktiner von der Insel Gallinara die Herrschaft über Alassio, dann Albenga. Im 16. Jh. wurde der Ort freie Kommune und stellte sogar ein eigenes Flottenkontingent bei der Seeschlacht von Lepanto 1571.

Außer Strandspaziergängen zum ins Meer vorgebauten *Torrione della Coscia*, einem Wachtturm des 16. Jh., und zum **Capo Santa Croce** mit dem Jachthafen, bietet Alassio eine hübsche Altstadt mit schicken Boutiquen und einigen mondänen Cafés in den engen, *Budello* genannten Gassen parallel zum Meer. Wer hier ungeniert in Badehose und Bikini herumläuft, kann sich übrigens eine saftige Geldbuße einhandeln.

Innamorati – auf dem Muretto von Alassio wird immer geschmust

Die große Welt hat ihre Spuren am legendären **Muretto** hinterlassen: In dieses ›Mäuerchen‹ entlang der Via Dante, bei der palmenbestandenen Piazza della Libertà, haben Stars wie Zarah Leander, Anita Ekberg und Louis Armstrong Keramik-Plaketten einmauern lassen. Darüber schmust ein bronzenes Liebespaar. Im August wird das schönste Mädchen der Saison zur *Miss Muretto* gewählt.

Eine Straße weiter landeinwärts lockt der **Duomo Santo Ambrogio** mit einem in die historistische Fassade aus dem 19. Jh. eingebauten Schieferportal von 1511. Vom Innenraum führt links ein weiteres Schieferportal zum Katharinenoratorium. Hauptwerk ist eine ›Verklärung der Heiligen‹ von Antonio Maria Maragliano.

Im *Palazzo Morteo* zeigt die **Pinacoteca Levi** (Via Gramsci 58, Juni–Sept. Fr–So 18–22.30, Okt.–Mai Fr–So 15.15–17.45 Uhr) 22 Gemälde, die der Erfolgsautor Carlo Levi (›Christus kam nur bis Eboli‹) zwischen 1928 und 1972 in seinem Landgut bei Alassio malte, darunter die berühmte ›Johannisbrotbaumfrau‹.

Lohnend ist auch der knapp einstündige Spaziergang durch die nördlichen Panoramastraßen der Oberstadt zum romanischen Kirchlein **Santa Croce**, von dem aus man Reste einer Windmühle und das gleichnamige Kap sieht.

Der alte Korallenfischerort **Laigueglia**, heute fast mit Alassio verwachsen, bietet einen langen Sandstrand und eine ursprünglich erhaltene Altstadt. Für die Kirche *San Matteo* (18. Jh.) malte Bernardo Strozzi eine ›Himmelfahrt Mariens‹. Oberhalb, in dem Weiler **Colla Micheri**, fand der norwegische Kon-Tiki-Segler Thor Heyerdahl (geb. 1914) 1958 eine zweite Heimat und blieb dort bis zu seinem Tode im Jahr 2002.

2001 wurde der gesamte ligurische Meerbusen einschließlich der Cote d'Azur, der nordtoskanischen Riviera, der Küsten Korsikas und Nordsardiniens zum **Walschutzgebiet Pelagos** erklärt. Ca. 5-stündige Walbeobachtungsfahrten starten von Laigueglia, Varazze, Andora (bei Cervo), Loano, Savona und Genua (Consorzio Liguria via Mare, Tel. 010 26 57 12, www.whalewatchliguria.it).

i Praktische Hinweise

Information

IAT, Via Mazzini 68, Alassio, Tel. 01 82 64 70 27, www.inforiviera.it

Hotels

***__Suisse__, Via Mazzini 119, Alassio, Tel. 01 82 64 01 92, www.suisse.it
Sehr gepflegtes Hotel im Zentrum mit Restaurant, der Strand ist nur 200 m entfernt.

**__Hotel Kon Tiki__, Viale delle Palme 11, Alassio, Tel. 01 82 64 09 28, www.hotelkontiki-alassio.com
Ruhiger Familienbetrieb.

Restaurants

Osteria Mezzaluna, Vico Berno 6, Alassio, Tel. 01 82 64 03 87, www.mezzalunaalassio.it
Nur abends geöffnetes Lokal, das Wein und kleine Gerichte serviert.

Palma, Via Cavour 5, Alassio, Tel. 01 82 64 03 14, www.ilpalma.com.
Für safrangewürzten *Ciuppin* (lig. Bouillabaisse), glasaalgefüllte *Pansoti*-Nudeln, Büffelmilchpudding und Michelin-Stern wird die Geldbörse schnell leerer (Mi geschl.).

Café

Balzola, Piazza Matteotti 26, Alassio, Tel. 01 82 64 02 09, www.balzola1902.com
Plüschiges, von Maxim Gorki und dem italienischen Königshaus geschätztes Traditionscafé von 1902, Spezialitäten des Caffè Pasticceria sind *Baci* (Küsse) *di Alassio* und *Pane del marinaio*.

35 Cervo

Korallenfischer und Kammermusik.

Diano Marina

Vor den blumengeschmückten Kulissen von Cervo gibt sich die Musikelite der Welt im Juli und August ein Stelldichein. Das 1964 von dem ungarischen Geiger Sándor Végh ins Leben gerufene **Internationale Kammermusik-Festival** genießt die szenographische Wirkung der emporgetürmten Stadt. Höhepunkte sind die Freiluft-Konzerte vor der steilen konkaven Fassade der Barockkirche **San Giovanni Battista** (1686–1722) auf der *Piazza dei Corallini*. Der Platzname erinnert an die einst hier blühende Korallentaucherei. Der ovale Innenraum der von Giovanni Battista Marvaldi geschaffenen Kirche weist auf das stilprägende Vorbild des piemontesischen Barock. Für den 4. Altar links schnitzte Antonio Maria Maragliano ein expressives Kruzifix.

Im *Castello Clavesana* erzählt das **Museo Etnografico del Ponente Ligure** (Sommer tgl. 10–13, 18–23, Winter Di–So 10–13, 14–18 Uhr) von der Zeit, als Cervo noch ein reines Bauern- und Fischerdorf war; wohl einmalig ist die Sammlung historischer Korallenfischergeräte.

Der sich zu Füßen Cervos erstreckende Ferienort **Diano Marina**, nach dem Erdbeben 1887 großzügig wieder aufgebaut, kann mit Sandstränden, zahlreichen Hotels und guter touristischer Infrastruktur aufwarten. Durch die Oliven-Terrassen des Hinterlandes fährt man zu hübschen Dörfern wie Diano Castello und Diano Arentino.

Corallini – das rote Gold

Die ergiebigsten **Korallenbänke** Italiens liegen heute noch vor Sardinien. Hier und an den korsischen Küsten gingen die Korallenfischer von Cervo im 17./18. Jh. ihrem einträglichen Gewerbe nach. Kleine **Fregatten** mit 7–9 Mann Besatzung fuhren im Sommer regelrecht zur ›Korallenlese‹. Misstrauisch wie Steinpilzsammler hatten sie eine Geheim- und Zeichensprache entwickelt, um die besten Bänke vor der Ausbeutung durch die Konkurrenz zu schützen. Besonders schonend waren die **Fangmethoden** nicht, man hieb mit dem sog. **Ingegno**, einem Metallkreuz, an dem ein Netz befestigt war, auf die Korallenäste. Die Erträge wurden nach **Genua** gebracht, das ein Ankaufsmonopol für das im Barock hochmodische Schmuckmaterial besaß.

Vom Erlös des roten Goldes wurde ein Teil für den Bau von San Giovanni Battista, Cervos ›Chiesa dei Corallini‹, abgezweigt. Um 1750 kam die Korallenfischerei jedoch zum Erliegen, als Genua die Zölle auf Korallen drastisch erhöhte.

i Praktische Hinweise

Information

IAT, Piazza S. Caterina 2 (im Castello), Cervo, Tel. 01 83 40 81 97 (auch Festivalbüro), www.turismoinliguria.it

Hotel

Bellavista, Piazza Castello 2, Cervo, Tel. 01 83 40 80 94. Schlichte, zentrale Pension.

Restaurant

Serafino, Via Matteotti 3, Cervo, Tel. 01 83 40 81 85, www.ristoranteserafino.it Auf einer herrlichen Panoramaterrasse hoch über dem Meer genießt man Pasta und Fischspezialitäten. Stilvolle Zimmer.

36 Imperia

Ölhandel und Olivenkultur.

Oneglia – Porto Maurizio – Montegrazie – Dolcedo – Pieve di Teco – Vessalico

Die lang gestreckte Provinzhauptstadt mit dem stolzen Namen Imperia (42 000 Einw.) ist ein Zwittergebilde. 1923 wurde **Porto Maurizio**, mittelalterliches Zentrum auf einem Vorgebirge am Westrand der Stadt, mit **Oneglia** in der Ebene jenseits des Impero zusammengeschlossen – mit der Unterstützung Benito Mussolinis, der eine Zeitlang in Oneglia Französisch unterrichtet hatte. Der Viale Matteotti verbindet die allmählich zusammenwachsenden Zentren. In Imperia dominiert nicht der Tourismus. Vielmehr bestimmt die Arbeitswelt der *Hafenanlagen*, auf denen u. a. die Produkte der lokalen Lebensmittelindustrie wie Olivenöl und Nudeln (Agnesi) exportiert werden, den Lebensrhythmus der verkehrsreichen Stadt.

Oneglia

Ein Muss ist der Besuch des Museo dell'Olivo im sonst eher gesichtslosen Oneglia. Das Städtchen wurde 1298 von zwei Brüdern des Genueser Kaufmannsgeschlechts der Doria erworben. Und hier kam später *Andrea Doria* (1466–1560), der bedeutendste Staatsmann Genuas, zur Welt. 1576 fiel die Stadt an Savoyen-Piemont, das als Binnenstaat diesen **Hafen** im 19. Jh. kontinuierlich ausbaute.

Am Meer aufgetürmt ist die mittelalterliche Altstadt von Cervo. Im Sommer findet hier ein weltbekanntes Musikfestival statt

Im Zentrum, um die rechteckige **Piazza Dante**, gruppieren sich die lang gezogenen Kolonnadenstraßen des 19. Jh. mit guten Einkaufsmöglichkeiten (z. B. Via Bonfante). Manch einer reist eigens nach Oneglia, um sich in der renommierten *Enoteca Fratelli Lupi* (Via Monti Vincenzo 13) mit den Brüdern Angelo und Tommaso über ligurische und piemontesische Spitzengewächse zu unterhalten.

Unbedingt sollte man in einer Friggitoria die frisch gebackene Lokalspezialität *Piscialandrea* probieren. Diese ligurische Variante der Pizza geht auf die provenzalische *Pissaladière* (mit Zwiebeln, Oliven und Sardellen belegter Backfladen) zurück – auch wenn man in der Heimatstadt Andrea Dorias darauf schwört, dass es die ›Pizza Andreas‹ sei.

Parallel zum Meer verläuft die Via Doria mit dem **Palazzo Doria**, dem Geburts-

Extra vergine: Imperias Museo dell'Olivo demonstriert die Entstehung guten Olivenöls

haus Andrea Dorias. In diesem Altstadtquartier steht auch die Barockkirche San Giovanni Battista. Am Westende des Hafens erinnert die **Piazza de Amicis** an den beliebten Kinderbuchautor, Garibaldiner und Sozialisten Edmondo de Amicis (1846–1908, Hauptwerk ›Cuore‹, ›Herz‹) aus Oneglia.

Am östlichen Ortsrand Richtung Capo Berta kann man einen Blick auf die schwülstige, indisch angehauchte **Villa Grock** werfen, die sich der Schweizer Clown Adrien Wettach, gen. Grock, errichten ließ (Clown-Museum Fr–So 15.30–18.30 Uhr).

Nördlich des Bahnhofs auf dem Werksgelände der Firma Carli befindet sich das unbedingt sehenswerte **Museo dell'Olivo** (Via Garessio 11, Tel. 01 83 29 57 62, www.museodellolivo.com, Mo–Sa 9–12.30 und 15–18.30 Uhr). Die päpstlichen Olivenöl-Lieferanten haben hier in einer Liberty-Villa der 1920er-Jahre ein modernes und unterhaltsames Museum geschaffen, das Technik, Geschichte und Kultur des Olivenanbaus beleuchtet. Vom Salböl bis zur Medizin, von historischen Ölkrügen bis zu Rezepten ist alles zum Thema Oliven dokumentiert. Im Museumsshop kann man u. a. diverse Sorten hochwertiges Olivenöl, Eingelegtes, Kosmetik und Schnitzereien aus Olivenholz kaufen.

Porto Maurizio

Der enge und verschachtelte Hafenort auf dem 47 m hohen Parasio-Hügel wurde schon von den Byzantinern im 6. Jh. erwähnt. Um 1100 errang die Stadt völlige kommunale Freiheit, musste sich aber 1184 Genua unterordnen. Dafür wurde sie 1241 Hauptstadt der westlichen Riviera und knüpfte Handelskontakte bis in den Orient. 1861 bestätigte das neu gegründete Königreich Italien ihren wirtschaftlichen Rang und erklärte sie zur Provinzhauptstadt.

Das Zentrum der Altstadt bildet der weite Domplatz mit der monumentalen **Cattedrale San Maurizio**. Sie wurde 1781 von Gaetano Cantoni im klassizistischen Stil begonnen und nach dem Einsturz der Kuppel 1821 erst 1838 vollendet. Die Kuppel-Notlösung – man setzte eine leichtere Konstruktion direkt auf den Tambour auf – fällt mit ihren Proportionen etwas aus dem Rahmen. Gleichwohl imponiert die stilistische Geschlossenheit des Doms. Einen Blickfang inmitten der Ausstattung aus dem 19. Jh. bildet die aus dem Vorgängerbau erhaltene Barockkanzel.

Vis-à-vis beherbergt der ehem. Rathauspalast zwei Museen. Die **Pinacoteca Civica** (Juli/Aug. 21–24, Sept.–Juni Mi/Sa/So 16–19 Uhr) enthält ligurische Malerei des 19. Jh., das **Museo Navale Internazionale del Ponente Ligure** (Tel. 01 83 65 15 41, Juli/Aug. 21–24, Sept.–Juni Mi/Sa/So 16–19.30 Uhr) bietet eine interessante Sammlung nautischer Erinnerungsstücke des 18.–20. Jh. Besuchermagnet ist die umfangreiche Dokumentation industriellen Holzschiffbaus.

Die Via Domenico Aquarone führt zur steil verschachtelten Oberstadt des **Parasio-Hügels**, dessen Gebäudebestand bis ins 14. Jh. zurückreicht. Mit seinen Pizzerien ist er ein beliebter abendlicher Treffpunkt. Der Name leitet sich vom ehem. Palast (lig. *Paraxu*) des genuesischen Gouverneurs ab. Lohnend ist der Blick von der Terrasse der Kirche **San Pietro** (12.–18. Jh.) oder von der angrenzenden Loggia des **Convento di S. Chiara**.

Ausflüge

Eingebettet zwischen Ölbergen liegt bei **Montegrazie** (9 km) die Wallfahrtskirche **Nostra Signora delle Grazie**, die 1450 in romanisierenden Formen (Spätstil) errichtet wurde. Sehenswert sind im Innern die *Fresken* von Matteo und Tomaso Biazaci (1483), die die Schrecken des ›Jüngsten Gerichts‹ schildern.

Zu einem begehrten Zweitwohnungsdomizil hat sich **Dolcedo** (11 km) entwickelt. Der 1292 von den Maltesern errichtete *Ponte Grande* über den Prino ist wie die Barockkirche *San Tommaso* (1738) ein beliebtes Fotomotiv. Vom Vorgängerbau sind das Renaissanceportal und Gemälde Luca Cambiasos erhalten. Der Kirchplatz stellt ein schönes Beispiel schwarz-weißen ligurischen Kieselmosaiks dar. Unter der Loggia del Comune sind wappengeschmückte Maßgefäße von 1613 eingelassen – damals erhielt der Ort das Marktrecht.

Im Arroscia-Tal kann man in **Pieve di Teco** eine einst wohlhabende Handwerkerstadt erleben, die von der alten Salzroute über den Nava-Pass nach Piemont profitierte. Vor allem handgefertigtes solides Schuhwerk wurde einst unter den Laubengängen des zentralen *Corso Ponzoni* genäht und genagelt. Die Werkstatt von *Aldo Fassone* (Via Umberto 12, Tel. 01 83 36 060) setzt dieses vom Aussterben bedrohte Handwerk fort. Auf dem Bummel zum Dom **San Giovanni Battista** (1782–1806) kann man die Wap-

Liguriens Öl- und Olivenkultur

Drei Regionen wetteifern um den Ruf, das edelste Olivenöl Italiens zu produzieren: Umbrien, die Toskana und – unterstützt von der Autorität des ligurischen Gastropapstes **Luigi Veronelli** (1926–2004) – die italienische Riviera. In nördlicher Hanglage bis ca. 600 m Höhe gewachsene Oliven sollen ein Öl mit zarterem **Aroma** hervorbringen als die satten süditalienischen Bäume. Wichtig ist natürlich

auch die Behandlung: In Ligurien werden nach wie vor die besten Ölsorten in den Reifemonaten November bis Februar von Hand oder mithilfe hölzerner Kämme geerntet. Im traditionellen **Frantoio**-Verfahren werden die Früchte mitsamt Kernen in den Ölmühlen kaltgepresst, filtriert und anschließend zentrifugiert. Für das so gewonnene **Olio extra vergine a spremitura fredda** sind direkt beim Erzeuger – je nach Lage und Qualität – Preise von 15 bis 25 € pro Liter üblich. Eine lohnende Ausgabe, denn Olivenöl schmeckt nicht nur köstlich, es senkt z. B. auch das Herzinfarkt-Risiko.

Da Ligurien in den letzten Jahren konsequent auf **Qualität** statt Masse gesetzt hat, sind die Erträge auf 65 000 Zentner jährlich zurückgegangen. Zentrum des Öl-Handels ist **Imperia**, dessen Hafen auf eine lange Tradition in der Verschiffung feinsten ligurischen Olivenöls zurückblicken kann.

pen und Heiligenfiguren der zahlreichen Schieferportale studieren. Die beiden Klöster Pieves dienen heute weltlicher Unterhaltung: In das Augustinerinnenstift am Corso Ponzoni ist das Stadttheater eingezogen und im weiten Kreuzgang des Augustinerstifts (am Ortsrand) findet eines der ligurischen Klassikfestivals statt.

In **Vessalico**, 3 km östlich Imperia, wächst Italiens berühmtester Knoblauch. Für den violetten *Aglio di Vessalico* ist sogar eine EU-Schutzmarke (DOP) eingetragen.

i Praktische Hinweise

Information

IAT, Piazza Dante 4, Oneglia, Tel. 01 83 27 49 82, www.turismoinliguria.it

Hotel

****Albergo Italia da Edy**, Viale Matteotti 29, Imperia, Tel. 018 36 18 67. Einfaches und günstiges Haus, in dem auch Hunde willkommen sind.

Restaurant

Osteria dell'Olio Grosso, Piazza Parrasio 36, Porto Maurizio, Tel. 018 36 08 15. Fleisch- und Fischspezialitäten vom Holzkohlengrill, nur abends geöffnet (Mi geschl.).

Schmuckstück ligurischer Sakralarchitektur: Klosterkirche San Domenico in Taggia

37 Taggia

Idyllische Bergstadt mit Laubengassen und einem Kloster voller Kunst. Ausflüge ins Tal des Argentina.

Badalucco – Triora – Verdeggia – Monesi

Besonders reizvoll präsentiert sich Taggia am 3. Sonntag des Monats, wenn unter den Lauben der **Via Soleri**, gen. *U Pantan*, Antiquitätenmarkt gehalten wird. Aber auch sonst gleicht die Stadt, die schon im 10. Jh. durch Öl- und Mandelhandel groß wurde, einem Freilichtmuseum. In vielen Straßen wie der *Via Lercari* lassen sich die typisch ligurischen Schieferportale mit Wappen und Heiligenreliefs studieren – wenn auch die Soldateska Napoleons an einigen ihre Wut ausgelassen hat. Der Dom **SS. Giacomo e Filippo**, angeblich nach einem Entwurf Gian Lorenzo Berninis 1675–81 erbaut, enthält (in der 4. Kapelle rechts) eine Marienstatue des einheimischen Bildhauers Salvatore Revelli, die bereits viermal – 1865, 1941, 1956 und 1996 – die Augen verdreht haben soll.

Interessanter ist die altehrwürdige Benediktinerkirche **Santa Maria del Canneto** am Nordrand der Stadt, die von Zypressen und *Taggiasca*-Oliven beschirmt wird. Der romanische *Campanile* mit drei Fenstergeschossen läuft nach ligurischer Sitte in einer Pyramidenspitze aus. Neben einer *Krypta* des 12. Jh. sind in

Das abgeschiedene Bergdorf Triora verdankt seine heutige Attraktion dem magischen Reiz seiner schaurigen Vergangenheit

diesem Gotteshaus *Fresken* Giovanni Cambiasos sehenswert.

In der Nähe wuchs der Patriot **Giovanni Ruffini** (1807–1881) auf, der das Textbuch für Gaetano Donizettis Oper ›Don Pasquale‹ verfasste und mit seinem englischen Roman ›Il Dottor Antonio‹ [s. S. 108] ab 1860 die Rivieramode auslöste.

Der bedeutendste Sakralbau Taggias liegt etwas außerhalb am südlichen Ortsrand: Das 1469 begonnene **Kloster San Domenico** (Di–So 9–11.30, 15–17.30 Uhr) entwickelte sich zum führenden westligurischen Kultur- und Kunstzentrum. Es bewahrt noch heute ansehnliche Teile der früheren Ausstattung. Die vorbildlich restaurierte **Kirche** mit aufgemalter schwarz-weißer Bänderung beherbergt eine *Pinakothek* ligurischer Renaissance-Malerei, darunter zahlreiche Werke ihres Hauptmeisters Ludovico Brea aus Nizza. 1483 entstand das vergoldete Retabel des *Hochaltars* mit einer Schutzmantelmadonna, den Aposteln Johannes und Jakob sowie Dominikanerheiligen in typischer Ordenstracht. In Zusammenarbeit mit Antonio Brea entstand 1495 der Flügelaltar mit der ›Taufe Christi‹ in der linken Chorkapelle – wer sich die Mühe machen will, kann 39 Heilige zählen. Den weicheren Altersstil des Meisters zeigt die Rosenkranzmadonna (2. Kapelle rechts). Im **Kreuzgang** gedeiht um den zentralen Olivenbaum ein üppiger Blumenflor.

Zum Abschied von Taggia ist noch ein spektakuläres technisches Bauwerk angesagt: Die mittelalterliche **Brücke** von Taggia über den *Argentina* überspannt mit ihren 16 Bögen (davon zwei romanisch) nicht weniger als 260 m und ist seit 1450 in Betrieb.

Ausflüge

Nicht nur Bergsteiger und Naturfreunde wird es ins obere **Argentina-Tal** ziehen. **Badalucco** mit z. T. mittelalterlichen Brücken hat an Wochenenden ein treues ligurisches Stammpublikum, das wegen der *Wildspezialitäten* oder *Rundin*-Bohnen die Trattorien frequentiert. Eine andere (Winter)-Spezialität ist *Stockfisch*, der bei einer Sarazenen-Belagerung die Bewohner vor dem Hungertod gerettet haben soll. In der ›Städtepartnerschaft‹ mit den norwegischen Lofoten, von wo der beste *Stoccafisso* auf die italienischen Märkte geliefert wird, bleibt diese Tradition lebendig. Ein Geheimtipp der Rauchkultur ist schließlich *Giordano*

Rührstück für die Ladies

Unvergessen, doch heute nur wenig gelesen ist **Giovanni Ruffinis** Bestseller **Il Dottor Antonio** von 1855. Dabei war die unerfüllte Liebesgeschichte, die der ursprünglich bei **Taggia** beheimatete Ruffini im Exil in Edinburgh veröffentlichte, eines der Lieblingsbücher englischer Ladies im 19. Jh.: Ein Kutschen-Unfall an der Riviera führt die zarte Miss **Lucy Davenne** und ihren Retter, den wie ein Bandit aussehenden, doch edlen und patriotischen **Landarzt** Antonio zusammen. Dank seiner ärztlichen Autorität überzeugt er den zähneknirschenden hochadligen Vater Lucys, Sir John, davon, zur Heilung seiner Tochter einen Monat in einer einfachen Osteria in **Bordighera** auszuharren. Für Lucy ist dies die glücklichste Zeit ihres Lebens. Denn die Patientin verliebt sich in den verliebten Arzt, besonders nachdem er für die zarte Britin eigens an ihrem Krankenbett die Butterflasche geschüttelt und Tee aufgetrieben hat. Nur ungern scheiden Vater und Tochter schließlich aus der ländlichen Idylle. Lucy heiratet einen prominenten englischen Politiker und bleibt doch innerlich unausgefüllt. Nach dem Tod ihres Mannes eilt sie im **Revolutionsjahr** 1848 schwerkrank nach Bordighera, doch Antonio kämpft inzwischen in Neapel für Italiens Freiheit. Lucy folgt ihm. Nach kurzem gemeinsamen Glück wird er in den Kerker von **Ischia** geworfen. Lucy verhaucht ihre Seele, als sie erfährt, dass ein Befreiungsversuch ihres Geliebten vereitelt wurde.

(Strada Poggio 25, Tel. 01 84 40 81 23, www.giordanopipe.it), der selbst gefertigte Bruyère-Holzpfeifen verkauft.

Vorbei an Montalto Ligure, Heimatort der Malerfamilie der Brea, erreicht man **Molini di Triora**, das an einer alten Salzstraße zur Poebene liegt. Hier, wo einst 23 Mühlen mahlten und man Kichererbsen- und Kastanienmehl kaufen kann, werden am letzten Septembersonntag bei der **Sagra delle Lumache** Unmengen von Schnecken vertilgt – die Spezialität des Dorfes.

In halbverlassenen knorrigen Partisanenorten wie **Triora** spürt man die generationenlange Abwanderung der Jungen, den Exodus Richtung Küste. Immer noch wird hier ein berühmtes kräftiges Bauernbrot (*Pane di Triora*) gebacken. Im **Museo Regionale Etnografico e della Stregoneria** (ganzj. tgl. 15–18.30, Sa/So 10.30–12, Juli–Sept. zus. Mo–Fr 10.30–12, Uhr) wird über den *Maxiprocesso* von 1587 gegen 200 Hexen aus Triora berichtet, dessen makabre Wirkung sich heute in Hexensouvenirs, Hexenkongressen und Hexentourismus bemerkbar macht. Auch angebliche Schauplätze des Hexenwahns wie La Cabotina werden gezeigt. Von **Verdeggia** aus lässt sich schließlich in 3,5 Std. der höchste Gipfel Liguriens, der **Monte Saccarello** (2200 m) erklimmen.

Das an der Grenze zu Piemont gelegene **Monesi** hat die Hexen als Werbeträger erkannt und wirbt mit Stickern Ski fahrender *Streghe* für seine drei bis in den März schneesicheren Lifte.

Weiße Jachten, bunte Fassaden und ein grünes Palmenbouquet: Grande Dame San Remo

i Praktische Hinweise

Information

IAT, Via Boselli, Arma di Taggia, Tel. 0184437 33

Unterkunft

Antico Ristorante Albergo Santo Spirito, Piazza Roma 21, Molini di Triora, Tel. 018494 0019, www.ristorantesanto spirito.com. Traditionsreiches Haus mit schlichten Zimmern und vorzüglicher Halbpension.

Rifugio Verdeggia, Verdeggia, Tel. 018494 0008, Alpenvereinshütte mit 10 Betten für Selbstversorger.

Restaurant

Il Ponte, Via Ortai 3/5, Badalucco, Tel. 0184408000, www.ristorante ilponte.it. Regionale Spezialitäten (u. a. Stockfisch), dazu vorzügliche ligurische Weine (Mi geschl.).

38 San Remo

Die ›Königin der Blumenriviera‹ – auf den Spuren der großen touristischen Vergangenheit mit Kasino und Palmenkorso.

Bussana Vecchia – Coldirodi

Der winterliche *Grand tourisme*, die kaiserlichen Kurgäste, die spielwütigen russischen Großfürsten, die Britenkolonie haben den **Mythos** von San Remo begründet. Der palmenbestandene Corso Imperatrice mit dem **Grand Hotel Londra** (1860), dem ältesten Touristenhotel der Riviera, verspielte Villen wie die von Alfred Nobel und nicht zuletzt das legendäre **Casinò** künden von mondäner Noblesse vergangener Zeiten, ziehen aber auch heute noch modische Extravaganz an. Trotz aller Verstädterung (54 000 Einw.) blieb die Altstadt Pigna unangetastet. Die Königin der **Riviera dei fiori** (Blumenriviera), der heute viele Rivierastädte an Blumenpracht nicht mehr

nachstehen, sonnt sich jedoch nicht nur im Glanz vergangener Tage, sondern ist der größte Blumen-Umschlagplatz Italiens. Jeden Februar gibt es einen Blumenkorso, und mit Blütenkränzen und Bouquets wird nicht nur beim populären *Festival della Canzone Italiana* im Februar/März der italienische Schlagerstar der Saison, sondern auch im März der *Radchampion* der Tour Milano–San Remo überhäuft.

Geschichte Das seit der Steinzeit besiedelte Areal erhielt seinen heutigen Namen von einer Burg, die nach dem genuesischen Bischof *S. Romolo* benannt wurde. 1361 konnten sich die Bewohner von der Lehnsherrschaft der **Doria** freikaufen und blieben als selbstständige Stadt im genuesischen Staatsverband. 1543 und 1544 versuchte der islamische Pirat Chaireddin Barbarossa, San Remo zu attackieren, 1745 wurde die Stadt von englischen Kriegsschiffen bombardiert. Ein *Aufstand* gegen die genuesische Missverwaltung wurde 1753 niedergeschlagen. Anfang des 19. Jh., als die Uferstraße nach Nizza ausgebaut wurde, war San Remo ein bedeutender Umschlagplatz für *Zitrusfrüchte*. Wichtiger aber wurde der **Tourismus**: In dem Bestseller ›Il Dottor Antonio‹ (1855) von Giovanni Ruffini [s. S. 108] war auch das milde Winterklima San Remos gepriesen worden: Der Ansturm begann, noble Gäste folgten. Allen voran 1874 und 1875 die Zarin Maria Alexandrowna, Gemahlin Alexanders II., die die Palmen für den *Corso Imperatrice* stiftete, und der schon schwerkranke deutsche Kronprinz Friedrich Wilhelm, der spätere 99-Tage-Kaiser. 190 Luxusvillen und 25 Hotels wurden 1874–1906 errichtet. Nach dem Ersten Weltkrieg gab sich die Diplomatie ein Stelldichein: Die **San-Remo-Konferenz** der Siegermächte bestand 1920 auf der genauen Einhaltung der umstrittenen Versailler Verträge. Drei Jahre später wurde auf Kuba der Romancier **Italo Calvino** (1923–1985) geboren, der in San Remo aufwuchs. Der

Noble Fassade für spielerische Verführungen: San Remos berühmtes Casinò Municipale

Umstieg vom Nobel- zum *Massentourismus* hat seit den 1960er-Jahren in San Remo zu manchen Einbrüchen geführt. Dennoch zählt der Ort noch heute über 1 Mio. Übernachtungen pro Jahr.

Besichtigung Am Fuß der Altstadt liegt der Kathedralkomplex. Der romanisch-frühgotische **Duomo San Siro** 1 (tgl. 7.30–12, 15–18, So bis 19 Uhr) wurde von lombardischen Steinmetzen im 13. Jh. über einem Vorgängerbau errichtet und nach den Bombenschäden von 1745 barockisiert. Wie so oft in Ligurien entfernte man diese Zutaten um die Wende zum 20. Jh. An der *Fassade* (1903) ist lediglich die Fensterrose original erhalten. Der im 18. Jh. zerstörte Campanile hingegen wurde 1947 in Barockbeton rekonstruiert. Bemerkenswert am Außenbau sind einige romanische *Reliefs* wie das Lamm Gottes mit zwei Palmen über dem linken Seitenportal. Der frühgotische **Innenraum** enthält zwei Schnitzereien *Antonio Maria Maraglianos*: ein Kruzifix auf dem Hauptaltar und eine ›Madonna del Rosario‹ in der linken Chorkapelle. Für die rechte Chorkapelle malte der Toskaner Pancalino 1548 fünf Heilige, darunter Syrus und Romulus. Besonders von Seefahrern angefleht wird das *schwarze Kruzifix* im rechten Seitenschiff.

Links neben dem Dom steht das **Battistero** 2, ein Zentralbau, der 1668 durch Umgestaltung einer romanischen Kirche entstand. Es schließt sich die **Casa dei Canonici** 3 mit einem teilweise erhaltenen Kreuzgang (12. Jh.) an. Gegenüber der Domfassade befindet sich das **Oratorio dell'Immacolata Concezione** 4 aus dem 16. Jh. mit üppigen Marmorintarsien und einem Gemäldezyklus des Marienlebens. In unmittelbarer Nähe liegt die quirlige **Piazza Eroi Sanremesi** 5, nebenan befindet sich die moderne Markthalle. Der früher berühmte *Blumengroßmarkt* ist vor einigen Jahren aus der Stadt in eine moderne Großmarkthalle in Autobahnnähe (Richtung Arma di Taggia, nicht öffentlich zugänglich) verlegt worden, sodass der Duft der Strelitzien, Orchideen, Gladiolen und Kamelien verweht ist, die hier einst verpackt wurden.

Nun führen enge, z. T. übermauerte Gassen in die gestaffelte Oberstadt, die **La Pigna** 6 (Pinienzapfen) genannt wird. Die auf der Hügelkuppe thronende, barocke Wallfahrtskirche der 7 **Madonna della Costa** entstand 1630, die Kuppel erhielt sie erst 1770–75. Hauptattraktion im reich ausgestatteten stuckierten Innenraum ist das Gnadenbild von Niccolò da Voltri (1401). Aufmerksamkeit verdienen auch die vier Holzskulpturen, die den

Pittoresker Anblick: Zwiebeltürmchen der russisch-orthodoxen Kirche in San Remo

Zugang zum Chor flankieren, sowie die Schnitzfiguren am Hochaltar (1723) von Anton Maria Maragliano.

Wieder in der Unterstadt, lohnt ein Bummel über die Einkaufsstraße *Corso Matteotti*. Hier ist im Palazzo Borea dell'Olmo das **Museo Archeologico** 8 (Nr. 143, Tel. 01 84 53 19 42, Di–Sa 9–19 Uhr) untergebracht, das urgeschichtliche und antike Funde der Umgebung dokumentiert. Aus der Ära des Art déco haben in der Nachbarschaft die zwei Lichtspieltheater *Cinema Sanremese* (Ariston) und *Cinema Tabarin* überlebt (Corso Matteotti 226 bzw. 107).

Blickfang weiter westlich ist etwas erhöht auf einer Freitreppe thronend das strahlend weiße **Casinò Municipale** 9 (Corso degli Inglesi 18, Tel. 01 84 59 51, www.casinosanremo.it, Spieltische So–Do 14.30–2.30, Sa/So 15.30–3.30 Uhr, Automaten tgl. 10–2.30 Uhr). Es wurde 1904–06 in einem etwas behäbigen Jugendstil (*Stile Liberty*) von Eugenio Ferret errichtet. Neben Venedig, Campione d'Italia und S. Vincent im Aosta-Tal ist es der vierte und prominenteste *Roulette-Tempel* Italiens. Mit 360 000 Gästen im Jahr kann San Remo allerdings an Umsätzen nicht ganz mit dem elitären Monte Carlo (s. u.) mithalten. Im Garten des Kasinos fallen Bananenstauden und eine *Büste* vom Festival-Stammgast Louis Armstrong auf. Seit 1951 wird im Kasino jeden Februar/März beim **Festival della Canzone Italiana** (www.sanremo.rai.it) der Schlager der Saison gekürt. Die erste Gewinnerin, Nilla Pizzi, bezauberte mit ihrem Lied ›Grazie dei fiori‹ (Danke für die Blumen) nicht nur die blumenstolze Stadt. Im Jahr 1954 kam dann noch das erste europäische **Jazzfestival** dazu.

Gleich links neben dem Kasino erinnert die russisch-orthodoxe Kirche **TOP TIPP** **San Basilio** 10 (auch *Chiesa di Cristo Salvatore* oder *Chiesa Ortodossa Russa*, tgl. 9.30–12.30 und 15–18.30 Uhr), von 1910 an die vielen adligen Russen, die vor dem Ersten Weltkrieg die Riviera bevölkerten. Seit dem Ende der Sowjetunion haben sie übrigens Nachfolger gefunden: Viele Riviera-Hotels preisen sich glücklich ob der russischen Neureichen, die Traditionsorte wie San Remo bevorzugen, um hier ihre Rubel rollen zu lassen. Mit seinen *Zwiebeltürmchen* stellt das Gotteshaus eine Art Miniatur- und Märchenausgabe der Moskauer Basilius-Kathedrale auf dem Roten Platz dar. Im eher kargen *Inneren* lagen bis 1989 die letzten Exilkönige von Montenegro bestattet, die mit dem italienischen Königshaus verschwägert waren.

Schon z. T. etwas angegraute Hotelpaläste säumen die Pracht- und Palmenallee San Remos, den **Corso Imperatrice** 11. Im Parco Marsaglia spielt an Sommerabenden unter tropischen Blütenbäumen das *Symphonie-Orchester* von San Remo. Die am Ende des Corso zwischen Rosen, Bananen und Palmen stehende Jugendstilstatue der verzückt tanzenden **Primavera** ist als ewiger Frühling zum Sinnbild des Urlaubsortes geworden. 300 Sonnentage respektive 2600 Sonnenstunden garantieren die ›ewige Saison‹.

Geradeaus lässt sich allerlei englisches Lokalkolorit entdecken, etwa die anglikanische Kirche *All Saints*, der *Corso degli Inglesi* und der traditionsreiche *Tennis and Bridge Club*. Zum großzügigen Jachthafen wurde der **Porto Sole** ausgebaut, den eine Fußgängerpromenade säumt.

Östlich des Zentrums steht auch die neomaurische **Villa Nobel** 12 (Corso Cavallotti 116, Tel. 01 84 50 73 80, www.villanobel.provincia.imperia.it, Di–So 10–12.30, Fr–So auch 15–18 Uhr), in der der schwedische Dynamit-Baron *Alfred Nobel* von 1890 bis zu seinem Tode 1896 lebte und die Statuten für den Nobelpreis festlegte.

Natürlich hatte sich der *Erfinder* in dem Haus, dessen Eckturm ganz ligurisch mit Muscheln eingelegt ist, auch ein Chemielabor einrichten lassen. Neben der Originalmöblierung bieten Zeitdokumente und großformatige Fotografien Einblick in Nobels Werk und Umfeld.

In den weitläufigen Gärten der öffentlichen **Villa Ormond** 13 kann man sich zum Abschluss des Stadtrundgangs der Kunst des ›Dolcefarniente‹ hingeben.

Reise-Video: San Remo
QR-Code scannen [s. S. 5] oder dem Link folgen: www.adac.de/rf0282

Ausflüge

TOP TIPP Seit den 1960er-Jahren sind die Ruinen von **Bussana Vecchia** (www.bussanavecchia.com), das im Jahr 1887 durch ein Erdbeben zerstört wurde, von einer internationalen **Künstler-Gemeinde** bewohnt und so vor dem endgültigen Verfall bewahrt worden. Hinter zusammengestürzten Mauern sind *Atelier-Wohnungen* entstanden. In den Werkstätten, von deren Erlös das bunt zusammengewürfelte Völkchen lebt, kennt man auch keine Berührungsängste mit dem Kitsch. Bohemienhaft-alternativ geht es in den langen heißen Sommernächten zu, wenn die Musik spontaner *Atelierfeste* durch die windschiefen Gassen dröhnt. Besonders eindrucksvoll ist die eingestürzte barocke **Kirche**, in die die neuen Bewohner Bussanas kuriose Mobiles eingehängt haben. Die Anfahrt über schmale Serpentinenstraßen sowie der Parkplatzmangel vor Ort stellt Besucher in der Hochsaison zuweilen auf eine harte Geduldsprobe. Eine Busverbindung gibt es leider nicht.

In **Coldirodi** oberhalb von Ospedaletti ist das *Museo di Villa Luca Pinacoteca Rambaldi* (Tel. 01 84 67 03 98, Di–Sa 9–13, Do/Sa auch 14.30–17.30, Mi, Fr, Sa 9–13 Uhr) mit einigen interessanten Werken der toskanischen und ligurischen Schule zu besichtigen. Hierzu zählen etwa die Gemälde ›Madonna mit Kind‹ (um 1490) von Lorenzo di Credi und eine ›Heilige Familie‹ (um 1510) von Fra Bartolomeo della Porta. Reizvoll ist auch der Garten der Villa, der ein herrliches Küstenpanorama eröffnet.

Der klassische Ausflug für Spielhaie, der Bootstrip nach **Monte Carlo**, führt bereits ins Ausland, das allerdings noch immer von einer genuesischen Sippe, den Grimaldi, regiert wird.

Praktische Hinweise

Information

IAT, Largo Nuvoloni 1, San Remo, Tel. 0 18 45 90 59, www.turismoinliguria.it

Ufficio Turismo, Corso Cavallotti 51, San Remo, Tel. 01 84 58 03 53, www.comunesanremo.it

Info Bussana Vecchia, www.bussanavecchia.com

Die einstige Ruinenstadt Bussana Vecchia wird mit Künstlern wie Silvano Manco wieder lebendig

Hotels

***Bel Soggiorno**, Corso Matuzia 41, San Remo, Tel. 01 84 66 76 31, www.belsoggiorno.net. Verkehrsgünstig, westlich des Zentrums gelegenes Stadthotel mit preisgünstigen Zimmern.

Il Respiro del Gabbiano, Strada all Colla 81/a, San Remo, Tel. 32 82 89 18 72, www.ilrespirodelgabbiano.com. Bed & Breakfast mit schöner Terrasse und rustikalen Mauern am Ortsrand.

Restaurants

Maggiorino, Via Roma 183, San Remo, Tel. 01 84 50 43 38. Beliebter Imbiss im Zentrum mit ligurischer *Farinata*, einem Kichererbsen-Fladen, sowie *Sardenaira* mit Sardellen, Kapern und Tomaten.

Mini Bar Antonio, Corso Trento e Trieste 17, San Remo, Tel. 01 84 50 55 09. Kiosk an der Uferpromenade mit solider Familienküche, sehr beliebt bei den Einheimischen (Mo geschl.).

Osteria da Maduneta, Via Roma 61, S. Stefano al Mare, Tel. 01 84 48 00 70. Lokal mit guter Fisch und Gemüseküche in idyllischer Hafengasse in Ferienort 10 km östlich von San Remo.

Pasticceria San Romolo, Via Carli 6, San Remo, Tel 01 84 53 15 65. Feines Backwerk und Pralinen in altpiemonteser Eleganz, die *Romoletti* (Walnuss mit *Limoncello* und Trüffelschokolade) sind ein echter Genuss.

39 Bordighera

Die große alte Dame des Tourismus.

Ospedaletti – Vallecrosia Alta

In Bordighera nahm der Riviera-Tourismus seinen Anfang. Angezogen durch den Moderoman ›Il Dottor Antonio‹ [s. S. 108], den der Exilligurer Giovanni Ruffini 1855 im fernen Edinburgh in Druck gab, reisten ungezählte **Briten** an den Schauplatz mit seinem milden Klima. Viele blieben jahrelang – um 1900 lebten in Bordighera mehr Engländer als Einheimische. Aber auch **Prominente** wie die italienische Königin Margherita, Louis Pasteur und Claude Monet (»Diese Palmen machen mich verrückt«) zeigten sich vom Ambiente beeindruckt. Die Fremdenkolonie ist heute zwar stark geschrumpft, doch besitzt der feine, ruhige **Villen- und Kurort** noch immer ein distinguiertes, nunmehr italienisches Stammpublikum. Schließlich ist man auch päpstlicher Hoflieferant für echte Palmwedel, die aus der hiesigen *Dattelpalme* geschnitten werden. Das Privileg geht auf die Zivilcourage eines Arbeiters aus Bordighera zurück, der 1586 bei der ersten modernen Wiederaufrichtung eines Obelisken auf dem Petersplatz in Rom anwesend war. Obwohl das Sprechen während der Arbeit bei Todesstrafe verboten war, schrie er geistesgegenwärtig »Wasser auf die Seile!« als die Taue qualmten. Der Papst verband die Begnadigung mit der Verpflichtung, alljährlich zum Palmsonntag Palmwedel aus Bordighera an den Vatikan zu liefern. Der Käfer-Befall durch den roten Palmenrüssler führt allerdings aktuell zu einem dramatischen Palmensterben.

Bordighera bietet nur wenige Sehenswürdigkeiten. Die kleine **Altstadt** erhebt sich hinter der *Spianata del Capo*, einer weiten Parkplatz- und Aussichtsterrasse über dem Capo S. Ampelio. Für den Hochaltar der Hauptkirche **Santa Maria Maddalena** (17. Jh.) schuf Filippo Parodi eines seiner Alterswerke, eine Statue der Titelheiligen. In dem kleinen, Ende des 15. Jh. im Renaissancestil entstandenen **Oratorio San Bartolomeo degli Armeni**

Bordighera macht der Riviera dei Fiori mit seinem Blumenreichtum alle Ehre

Stachlige Schönheiten präsentiert der Giardino Esotico Pallanca in Bordighera

erklärte sich Bordighera mit sieben kleineren Kommunen des Hinterlandes 1686 zur ›Freien Republik der Acht Gemeinden‹, die bis 1797 Bestand hatte.

Unterhalb der Spianata öffnet sich die **Piazza de Amicis** mit dem von Charles Garnier, dem Architekt der Alten Pariser Oper und des Kasinos von Monte Carlo, 1870 in barocken Formen errichteten *Municipio* (Rathaus) und dem *Brunnen der Magiargé* (1783). Dieser erinnert an die Lieblingssklavin des Sarazenen Boabdil, die aus Granada hierher entführt worden war und Bordighera vor Plünderungen durch Piraten bewahrte.

Unten am Kap führen Wege zur kleinen Kapelle des Einsiedlers **S. Ampelio** mit einer frühchristlichen Krypta. Weiter

Blühende Bargeschäfte

Julien & Bessi, die erste **Blumen-Spedition** der Welt, entstand am 3. Mai 1874 durch ein schlichtes Bar-Gespräch in Ospedaletti. Der Pariser Tuchhändler Julien, den morgendlichen Bitter nippend, traf seinen einheimischen Freund Luigi Bessi, der einen Blumenstrauß nach Hause trug. »Die würden in Paris heute Morgen viel Geld bringen«, meinte Julien leichthin. »Wie viele soll ich dir an welche Pariser Adresse schicken?« war die Antwort. Der Blumenhandel war geboren. Und noch vor San Remo wurde in Ospedaletti im Jahre 1894 der erste **Blumengroßmarkt** eröffnet.

östlich, über dem Jachthafen, ließ sich Garnier die luxuriöse, damals einsam stehende *Villa* (Via Garnier 11, Privatbesitz) bauen. Heute ist sie Teil einer modernen Villenstadt, in deren höher gelegenem Bereich das **Museo Bicknell** (Via Romana 39, Tel. 0184263694, www.iisl.it, Mo 9–17, Di–Do 9–13 Uhr) zu finden ist. Es wurde 1888 von dem anglikanischen Pfarrer Clarence Bicknell gegründet, dessen großes Hobby die Erforschung der ligurischen Steinzeit-Höhlen war. Zu seinen größten Entdeckungen zählen Tausende von *Ritzzeichnungen* an den Hängen des 1947 an Frankreich abgetretenen Monte Bego. Rund 12000 von dem Reverend vor Ort per Hand kopierte Felsmalereien laden im Museum ebenso zu eingehendem Studium ein wie seine gut sortierte *Ligurien-Spezialbibliothek* von über 50000 Bänden.

Einen entzückenden Anblick bietet das *Krippen-Diorama* in der Kirche **Madonna dei Fiori** (tgl. 14.30–18 Uhr, Spende, stdl. Busse vom Bahnhof) etwas landeinwärts in der Via Pasteur. Das Diorama erzählt in 23 Schaukästen das Leben Christi.

Kaktusfreunde sollten sich den **Giardino Esotico Pallanca** (Tel. 0184266347, www.pallanca.it, Juni–Sept. Di–So 9–12.30, 14.30–19, Okt.–Mai Di–So 9–17 Uhr) am östlichen Ortseingang nicht entgehen lassen. In diesem Privatgarten gedeihen über 3000 verschiedene Arten (Kakteenverkauf).

Ausflüge

Ostwärts, in der Bucht zwischen Capo S. Ampelio und Capo Nero, schließt sich der von älterem, Ruhe liebendem Publikum geschätzte Badeort **Ospedaletti** an, der sich im Januar einer Durchschnittstemperatur von 10,2 °C rühmt. Der Ort war einst auch ein Literatentreff: Hier kurte die lungenkranke Neuseeländerin Katherine Mansfield, und hier erfand Mary Wollstonecraft Shelley das Ingolstädter Monster *Frankenstein*. Heute steht neben Strandspaziergängen Bocciaspielen auf dem Programm.

Das verfallende erste Kasino Italiens, die 1911 eröffnete **Villa Sultana**, träumt in

Schon Claude Monet begeisterte die grazil geschwungene Brücke von Dolceacqua

einem nicht zugänglichen Palmengarten von der Belle Époque. Architekt dieser orientalisierenden Jugendstil-Fantasie war der prominente S. M. Biasini, der z. B. in Nizza für Kaiserin Victoria baute. Die Kosten wurden von der 1898 – zum ersten Mal für Italien – in Ospedaletti eingeführten *Kurtaxe* getragen.

Westwärts von Bordighera an der Straße Richtung **Vallecrosia Alta** fallen drei Oldtimer-Modelle von Eisenbahnwaggons auf. Hier hat Signor Erio Tripodi mit viel Passion das **Museo dell'Italia che canta** (Via Roma 108, Tel. 01 84 29 10 00, www.museodellacanzone.it, Do–Di auf Anfrage geöffnet) eingerichtet. Zwischen alten Grammophonen und Schellackplatten lässt sich alles über italienische Schlager und Tenöre erfahren. Die Melodien kann man auch im angrenzenden Ristorante genießen.

i Praktische Hinweise

Information

IAT, Via Vittorio Emanuele 172/174, Bordighera, Tel. 01 84 26 23 22, www.turismoinliguria.it

Hotels

*****Villa Elisa**, Via Romana 70, Bordighera, Tel. 01 84 26 13 13, www.villaelisa.com. Die stilvoll eingerichtete Villa bietet recht geräumige Zimmer, ein Slow Food Restaurant und eine reizvolle tropische Gartenanlage.

*****Petit Royal**, Corso Regina Margherita 86, Ospedaletti, Tel. 01 84 68 90 26. Hübsches, zentral gelegenes Gartenhotel.

Restaurant

La Via Romana, Via Romana 57, Bordighera, Tel. 01 84 26 66 81, www.descurundu.it. Gehoben speist man in den original Stile-Liberty-Räumen eines ehem. Grand Hotels (Mi, Do mittag geschl.).

40 Dolceacqua

Ligurisches Labyrinth.

Camporosso – Val Nervia

Der Abstecher ins Hinterland, nach Dolceacqua (5 km von Ventimiglia), dem ehem. *Stammsitz der Doria*, ist ein Muss. Die Stadt türmt sich kegelförmig über der wilden Nervia empor, überragt von der mächtigen Ruine ihres Kastells.

Einen grazilen Bogen über den Fluss spannt der schlanke mittelalterliche **Ponte Vecchio di Dolceacqua**, der inzwischen zum Wahrzeichen des Ortes avanciert ist. Schließlich war es kein Geringerer als Claude Monet, der die Brücke 1884 in einem Gemälde verewigte. Das von ihm schwärmend als ›Juwel der Leichtigkeit‹ bezeichnete Bauwerk bildet

den Zugang zur Terra, der mit ihren labyrinthischen mittelalterlichen Gassen beinahe magisch wirkenden **Altstadt**. Dunkle Treppenwege führen unter Bögen und zwischen eng verschachtelten Häusern hinein in ein faszinierendes Beispiel ligurischen Städtebaus. Dazu gehören neben Künstlerateliers auch Olivenholz-Schnitzereien sowie das **Visionarium** (Tel. 0184206638, www.visionarium-3d.com), eine Lichtspielshow über die Grotten im oberen Nervia-Tal.

Imposant thront über der Altstadt das seit 2007 in Teilen restaurierte **Castello dei Doria** (Führungen: Tel. 0184206666, Juli/Aug. tgl. 10–13, 15–18, Sept.–Juni nur Sa/So). Die trutzigen Mauern zeugen von der einstigen Wehrhaftigkeit des Kastells, das 1745 bei österreichischen Angriffen ausbrannte, von den Burgherren verlassen und bei einem Erdbeben 1887 weiter beschädigt wurde. Heute dokumentieren in den wieder hergestellten Räumen Filmvorführungen und eine Fotoausstellung den Werdegang des Kastells sowie die Geschichte der Region. Besonders reizvoll ist das Burgambiente auch für Konzerte und Theateraufführungen, die regelmäßig hier stattfinden.

Als krönenden Abschluss eines Dolceacqua-Besuchs empfiehlt sich eine Probe des *Rossese di Dolceacqua*, des einzigen renommierten ligurischen **Rotweins** in dieser Weißweinregion. Schon Napoleon begeisterte sich an diesem aristokratischen Tropfen, »der nach verwelkten Rosen duftet«. Eine Vorliebe, die er übrigens mit dem Farnese-Papst Paul III. teilte. Eine gute Adresse ist die Kantine von *Ivo Tornatore* mit kleinem **Museo del vino** (Via Martiri 54, Tel. 0184206151).

Reise-Video: Dolceacqua
QR-Code scannen [s. S. 5] oder dem Link folgen: www.adac.de/rfo265

Ausflug

Richtung Küste lohnt der kleine Ort **Camporosso** (Richtung Küste) einen Besuch, besonders am 3. Sonntag im September zur *Sagra*. Dann wird es trubelig hier, denn zu dieser Gelegenheit wird die kulinarische Spezialität der Barbagiuai serviert, eine Art frittierter, vielfältig gefüllter Ravioli. Beschauliche Ruhe bietet dagegen ein Spaziergang zur romanischen Friedhofskirche *San Pietro*, deren Apsis und Campanile aus dem 11. Jh. stammen.

Die abenteuerlich verschachtelten Bergstädte des **Val Nervia**, des Nervia-Tals, das die Grenze zwischen Seealpen und ligurischen Alpen bildet, stehen Dolceacqua nur wenig an Reiz nach. Auf einer Rundfahrt erreicht man zunächst **Isolabona**, wo die Doria Papiermühlen zur Produktion eines geschätzten Flachspapiers betrieben.

i Praktische Hinweise

Information

IAT, Via Barberis Colomba 3, Dolceacqua, Tel. 0184206666, www.turismoinliguria.it

Einkaufen

Floh- und biologischer **Lebensmittelmarkt** auf dem zentralen Platz am letzten Sonntag des Monats

Unterkunft

Dei Doria, Via Barberis Colomba 44, Dolceacqua, Tel. 0184206343, www.deidoria.it. Zentrales Bed & Breakfast mit Burgblick.

Restaurant

Locanda degli Amici, Via Roma 16, Isolabona, Tel. 0184208124. Seit 150 Jahren im Banne des Stockfischs *(Stoccafisso)*. In der kleinen *Trattoria* wird die ligurische Winterspezialität liebevoll gepflegt, von *Branda cujon* (Stockfischcreme mit Kartoffeln und Kräutern) bis zu gefüllten Schwanzflossen (Mo und mittags sowie Juni–Sept. geschl.).

41 Pigna

TOP TIPP *Geheimnisvolle Altstadt und fantastische Ausblicke auf das Val Nervia.*

Castel Vittorio – Baiardo – Apricale – Perinaldo

Für den sagenhaften *Pilzreichtum* der Kastanien- und Eichenwälder, die sich zur französischen Grenze Richtung Gouta-Pass hinziehen, ist Pigna weit über seine Grenzen hinaus bekannt.

Der mittelalterliche Ort, dessen kräftiges Kleiebrot Liebhaber in ganz Ligurien findet, trägt nach seiner hochgeschichteten Silhouette den Namen ›Pinienzapfen‹. In den kasbahartig verschlungenen Gassen, Treppen und Torwegen, die von Gewölben und Schwibbögen verdüstert werden, verliert man leicht die Orientierung. Die Pignesen nennen diese Wege passenderweise *Chibi* (dunkel).

Harmonisch eingefügt in die bewaldeten Hänge des Val Nervia: Bergdorf Pigna

Einen großzügigen Panoramablick gewährt an der Spitze des ›Zapfens‹ die **Piazza Castello**. Bemerkenswert sind auch die Schieferportale der angrenzenden Gebäude.

Der Corso Sonnaz geleitet zur *Piazza XX Settembre*, wo ein savoyisches Schieferwappen den Eingang zur **Loggia della Piazza Vecchia** krönt. Unter den (nach Bombenschäden von 1944 wieder aufgebauten) Gewölben diskutierten einst die Bürger Ratsentscheidungen. Die eingemauerten mittelalterlichen Messgefäße für Getreide sind ein Zeichen kommunaler Selbstständigkeit.

Die benachbarte, wuchtig aus rohen grauen Steinblöcken gefügte Kirche **San Michele** wurde 1450 unter Bauleitung des *Maestro Comacino* Giorgio de Lancia neu aufgebaut. Der Campanile mit Pyramidendach ragt über 50 m auf. Für die Pfarrkirche schuf der Tessiner Bildhauer Giovanni Gaggini aus Bissone (Lago di Lugano) sein erstes datiertes Werk: Die *Fensterrose* (1450) mit einem winzigem Lamm-Gottes-Relief ist mit einem aus einer französischen Werkstatt stammenden Apostel-Fenster des 15. Jh. verglast. Den *Innenraum* schmückte der Piemontese Giovanni Canavesio mit Fresken. Der kostbare *Flügelaltar* (1500) im Chor gilt als das letzte Werk dieses Künstlers. 35 goldgrundige Tafeln rahmen die Darstellung des Erzengels Michael, der als Seelenwäger im Kampf gegen den Teufel über Erlösung und Verdammnis entscheidet.

Streifzüge am Ortsrand führen zu den imposanten Ruinen von **San Tommaso**, die im 12. Jh. die größte Kirche des Nervia-Tals war. Von der Lago-Pigo-Brücke, einst Grenze zwischen Genua und Savoyen, lässt sich der Schwefelgeruch der nahen *Thermalquellen* erschnüffeln.

Ausflüge

Zwei kurvenreiche Kilometer führen östlich des Nervia-Tals nach **Castel Vittorio**, dessen gesamtes Ortsbild auf die Spitze des isolierten Kirchturms von *S. Stefano* fokussiert zu sein scheint. Die altersgeschwärzten und windschiefen Häuser vermitteln die herbe Knorrigkeit des ligurischen Hinterlandes.

Auf einem Felssporn in 900 m Höhe thront wie eine Krone der kleine Luftkurort **Baiardo** auf einem Bergrücken der Seealpen westlich des Ghimbegna-Passes. Herrlich ist der Panoramablick auf die Bergmajestäten der Alpes Maritimes, der sich von hier bietet. In der verfallenden Oberstadt erinnert die Ruine von San Nicolò an das Erdbeben am Aschermittwoch 1887, als 200 Gottesdienstbesucher in der Kirche vom einstürzenden Dach erschlagen wurden.

Von hier kann man den 1299 m hohen **Monte Bignone**, den Hausberg San Remos, ansteuern oder nach **Apricale** abfahren. Der halbverlassene Ort, in dessen engen, bucklig gepflasterten Gassen man sich nur zu Fuß bewegen kann, hat sich einen Namen durch moderne *Murali* (Graffiti) der bäuerlichen und pastoralen Arbeitswelt gemacht. Der Aufstieg zur arkadengerahmten weiten Piazza Vittorio Emanuele II lohnt sich wegen ihres intakten Baubestandes.

In **Perinaldo** oberhalb des Crosia-Tals beginnt wieder die intensive Blumenzucht mit ihren Glashaus-Terrassen. Der gepflegte Ort ist noch immer auf seinen prominentesten Sohn stolz. Gian Domenico Cassini (1625–1712) brachte es bis zum Pariser Hofastronom Ludwigs XIV.

In die Gipfelwelt der Alpes Maritimes

Bergwanderer schätzen die Region des Val Nervia als anspruchsvolles und abwechslungsreiches Tourenziel. Gute Kondition setzt der halsbrecherische **Sentiero degli Alpini** voraus, ein oft nur maultierbreiter Bergpfad, der 1936–38 an der französischen Grenze zu militärischen Zwecken aus dem harten Kalkstein gesprengt bzw. geschlagen wurde. Auf teils ausgesetzten, aber gut durch Stahlseile gesicherten Wegen führt er von der Colla Melosa am Ausgang des Val Nervia auf den 1973 m hohen **Monte Toraggio** und eröffnet dabei spektakuläre Blicke in die Felsschlucht **Gola dell'Incisa**, die er auf Serpentinenwegen abwärts ansteuert.

Rifugio Franco Allavena, Melosa, Tel. 01 84 24 11 55, www.caibordighera.it. Von der Alpenvereinssektion Bordighera (CAI) geleitete Schutzhütte mit 68 Betten und Küche auf 1545 m. Hier beginnen Wanderungen zum Tenarda-See und zum Sentiero degli Alpini.

Club Alpino Italiano, Galleria Mazzini 7/3, Genua, Tel. 010 59 21 22, www.cailiguregenova.it

Nur zu Fuß lässt sich die Ortschaft Apricale mit ihren eng verwinkelten Gassen erkunden

Praktische Hinweise

Unterkunft

****Grand Hotel Pigna Antiche Terme**, Lago Pigo, Pigna, Tel. 01 84 24 00 10, www.termedipigna.it. Großzügiges Wellness- und Beautyhotel inmitten grüner Eichenwälder im Val Nervia.

42 Ventimiglia

Grenzstadt zu Frankreich.

Airole – Olivetta-San Michele

Die an Kirchen reiche Altstadt Ventimiglias auf einer Kuppe oberhalb des Roia ist eine Überraschung, denn sie wirkt weniger herausgeputzt, als man es, nur 10 km vom eleganten französischen Menton entfernt, an dieser mondänen Küste erwarten würde. Hier trifft man eher auf Marseiller Hafenatmosphäre als auf Nobeltourismus.

Geschichte **Albium Intemelium** war der Hauptort des altligurischen Volksstamms der *Intemelii*, ein Name, der später zu Ventimiglia (flapsig XXmiglia abgekürzt) verschliffen wurde. Nach der langobardischen Eroberung 641 wurde das Zentrum vom Tal auf den Hügel verlegt. Ab dem 10. Jh. erwarben die *Grafen von Ventimiglia* ein beträchtliches Hinterland. 1261 musste sich die selbstständige Stadt Genua beugen und ihr Territorium teilweise an die Provence abtreten. 1526 wurde Ventimiglia von den *Grimaldi* geplündert. 1796 erhob Napoleon es in den Rang einer Départements-Hauptstadt. Wirtschaftlichen Aufschwung brachte auch die Eröffnung der Bahnlinie 1871. Heute lebt Ventimiglia hauptsächlich vom Handel mit Blumen und landwirtschaftlichen Produkten sowie von Gastarbeitern – viele Einwohner verdienen ihr Geld drüben in Frankreich. Umgekehrt decken sich Franzosen hier gerne mit den etwas billigeren Alkoholika ein.

Besichtigung Von der *Piazza della Constituente* an der Roia-Brücke (Parkplatz) kann man durch enge Gassen zur **Via al Capo** aufsteigen, an der geschichtsträchtige Bauwerke liegen. Die allgegenwärtigen, fast neapolitanisch wirkenden Wäscheleinen gehören zum charakteristischen Straßenbild der *Scuri* (düster) genannten Wege.

Die romanische Kathedrale **Santa Maria Assunta** zählt zu den bedeutendsten Kunstschätzen Liguriens. Restaurierungen brachten den ursprünglichen Bauzustand des 11. Jh. einschließlich des achteckigen *Battistero* links der rundbogengeschmückten Apsiden zum Vorschein. Besonders die Außenansicht dieses Komplexes vermag ob ihrer Schlichtheit und grazilen Formensprache zu beeindrucken. Sehenswert im dreischiffigen Inneren ist ein geschnitztes Holzkruzifix des 15. Jh., das Baptisterium dominiert ein imposantes Taufbecken, umrahmt von jüngst restaurierten Fresken des 15. Jh.

Im oberen Teil der Altstadt steht **San Michele** (Anfang 11. Jh.), die Hauskirche der Grafen von Ventimiglia, über einer *Krypta* des 9. Jh. Ihr Weihwasserbecken entpuppt sich als römischer Meilenstein mit Entfernungsangabe.

Eine Fußgängerbrücke führt über die breite Roia-Mündung zu den mit Palmen bestandenen *Giardini Pubblici* am Rande der Neustadt. Hier findet entlang der Uferpromenade **Lungomare** jeden Freitag ein gigantischer **Wochenmarkt** mit französischer und nordafrikanischer Stammkundschaft statt. Da Parkplätze Mangelware sind, empfiehlt sich die Anfahrt zum Markt mit Bus oder Bahn.

TOP TIPP

Eher bescheiden muten die Reste des antiken **Albintimilium** im Osten der Neustadt bei der Bahnbrücke an, am eindrucksvollsten wirkt ein Amphitheater für 5000 Personen.

Prähistorische Funde und Dokumentationen präsentiert anschaulich das **Museo Archeologico Girolamo Rossi** (Tel. 01 84 35 11 81, www.fortedellannunziata.it, Di–Do 9–12.30, 15–17, Fr/So 21–23, Sa 9–12.30 Uhr) im Forte dell'Annunziata am westlichen Stadtrand.

Ausflüge

Durch das Roia-Tal und Kalkgebirge führt eine landschaftlich imposante Strecke zur französischen Grenze Richtung Tenda-Pass. Neben dem besonders von Niederländern geschätzten Bergstädtchen **Airole**, wo man auf der einladenden Piazza im Freien sitzen kann, lohnt die Fahrt nach **Olivetta-San Michele** in die schroffe Welt der ligurischen Seealpen.

i Praktische Hinweise

Information

IAT, Lunga Roja Rossi, Ventimiglia, Tel. 01 84 35 11 83, www.turismoinliguria.it

Hotel

****Villa Franca**, Corso Repubblica 12, Ventimiglia, Tel. 01 84 35 18 71. Üppige

Der Wochenmarkt am Lungomare von Ventimiglia ist stets für Schnäppchen gut

Pflanzen und ein Papagei gehören zur Villa mit Restaurant am Palmengarten.

Restaurant

U Veciu Defisiu, Piazza SS. Giacomo e Filippo 7, Airole, Tel. 01 84 20 00 41.
In einer umgebauten Ölmühle werden hausgemachte Ravioli, Lamm und Kaninchen serviert (Mi geschl.).

Romanikschatz: die Cattedrale Santa Maria Assunta mit Battistero in Ventimiglia

43 Villa Hanbury und Balzi Rossi

Der schönste Garten Italiens und vorgeschichtliche Grotten.

Der englische Gesellschaftssport des *Gardening* feiert in den **Giardini Botanici Hanbury** (Corso Montecarlo 43, La Mortola Inferiore, Tel. 01 84 22 95 07, www.amicihanbury.com, März–Mitte Juni, Mitte Sept.–Mitte Okt. tgl. 9.30–18, Mitte Juni-Mitte Sept. tgl. 9.30–19, Mitte Okt.–Feb. Di–So 9.30–17, Kasse schließt 1 Std. vorher), 2 km von der französischen Grenze unterhalb des winzigen Ortes **La Mortola** gelegen, einen seiner prächtigsten Triumphe. *Sir Thomas Hanbury*, der das 18 ha große Weide-Areal mit der Villa Orengo 1867 erwarb, war durch seine Reisen in den britischen Kolonien prädestiniert, tropische Pflanzen mit italienischem Ambiente zu vereinen. So entstand unter Mithilfe seines pharmakologisch gebildeten Bruders Daniel und des Heidelberger Botanikers *Ludwig Winter* ein Riviera-Paradies, das mit 4000 Arten auch exotische Abteilungen wie den *Australian Garden* (mit Eukalyptus) und den *Japanese Garden* umfasst. Jeden Morgen wurden die Helfer mit einer antiken japanischen Bronzeglocke zur Arbeit gerufen. Nach den Beschädigungen des Zweiten Weltkriegs wurde der Park 1960 an den italienischen Staat verkauft. Seit 1987 kümmert sich die **Universität Ge-**

nua um die Gärten. Dabei wird neben der überwältigenden Blüten- und Baumpracht der Opuntien, Agaven, Palmlilien, Eukalyptus, Passionsblumen, Araukarien, Aleppokiefern, Papyrusstauden und Zitrusfrüchte auch die Parkausstattung als *Gesamtkunstwerk* gewürdigt.

Der Bummel über 3 km Wegenetz – darunter die Trasse der *Via Aurelia* – führt zunächst zur **Villa Nirvana**, dem einstigen Gästehaus, dann zum altrosa gestrichenen Turm der **Villa Hanbury** mit angrenzendem Tenniscourt. Sir Thomas ließ über dem Portal ein Marco-Polo-Mosaik anbringen und die *Loggia* mit dem ›Besuch Kaiser Karls V. in Mortola‹ ausmalen. Zypressenhain und Olivenweg geleiten zu weiteren ›Wundern‹, wie der Grotten-

Giganten, Grottenligurer, Grimaldi-Menschen

Im 19. Jh. begann man, die Autorität der Bibel bzgl. der Schöpfungsgeschichte der Menschheit immer stärker in Frage zu stellen. Als Fürst Florestan I. ab 1846 die **Balzi Rossi** erforschte, wurden sie zu einer der wichtigsten Fundstätten der neuen Wissenschaft der Paläontologie. Tatsächlich gehört das Gebiet der französischen Côte d'Azur und der italienischen Ponente zu den ergiebigsten Zonen der **Altsteinzeit-Forschung**. So fand man in der Grotta del Principe den ältesten menschlichen Knochen Italiens: Das Beckenfragment (230 000 v. Chr.) einer **Urligurerin** vom Typ Homo erectus (ab 1 500 000 v. Chr.) war mit Steinbock-, Nilpferd-, Wolfs- und Bärenknochen während einer Zwischeneiszeit zu einem festen Steinklumpen verbacken.

Gegen 80 000 v. Chr., als sich die Grotten in der 4. Würmeiszeit wieder aus dem Meer hoben, lebten jagende **Neandertaler**-Horden in ihrem Schutz und hinterließen Steinwerkzeuge. Erst die **Cro-Magnon-Menschen**, vermutlich aus Schwarzafrika eingewanderte Vertreter des modernen Homo sapiens sapiens (ab 30 000 v. Chr.), verwendeten die Balzi Rossi dann als Grabstätten. Moderne Forschungsmethoden ermöglichen immer präzisere Datierungen altsteinzeitlicher ligurischer Knochenfunde. Die interessanten **Museen** von Monte Carlo und Menton an der Côte d'Azur sowie die Grotten von Toirano [s. S. 95] und die Ritzzeichnungen am Monte Bego (im französischen Roya-Tal) können das Bild der ligurischen Steinzeit abrunden.

Sommerresidenz mit hinreißendem Meeresblick – Idylle in den tropisch anmutenden Gärten der Villa Hanbury

fontäne mit der gefesselten Venus, dem chinesischen Drachenbrunnen, dem maurischen Kiosk und einem schönen Gartencafé im ehem. Waschhaus.

Direkt an der Staatsgrenze unterhalb des Weilers Grimaldi liegen die **Balzi Rossi**. Diese elf Grotten, die sich im rötlichen Dolomitkalk wenige Meter über dem Meeresspiegel öffnen, bilden eine der wichtigsten paläontologischen Fundstätten der Welt. Viele der archäologischen Zeugnisse befinden sich heute in Monaco – monegassische Fürsten wie Florestan I. und Albert I. betätigten sich im 19. Jh. als eifrige Ausgräber, und Teile des Terrains wie die *Grotta del Principe* zählen nach wie vor zum Besitz des Hauses Grimaldi.

Das von Sir Thomas Hanbury gegründete, inzwischen in einem Neubau untergebrachte **Museo Preistorico dei Balzi Rossi** (Tel. 018 43 81 13, www.archeoge.arti.beniculturali.it, Di–So 8.30–19.30 Uhr) enthält u. a. das berühmte *Gigantengrab* der Cro-Magnon-Zeit aus der Barma-Grande-Höhle (30 000–15 000 v. Chr.). Es barg einen 2,02 m großen Erwachsenen, der ausgestreckt neben einem Mädchen und einem Knaben lag. Die Grabstätte der am ganzen Körper ocker geschminkten Toten war mit Muschel- und Knochenketten sowie Steinen verziert. Weit kleiner sind die ›Grimaldi-Menschen‹ in der gekrümmten Embryobestattung aus der **Grotta dei Fanciulli** (Originale in Monaco). Statuetten von Muttergottheiten (ca. 20 000 v. Chr.) mit stark überbetontem Steiß, Bauch und Brüsten und die Felszeichnung eines Przewalski-Wildpferdes aus der **Grotta del Caviglione** runden die Sammlung ab. Im Anschluss an den Museumsbesuch führt das Aufsichtspersonal zur *Grotta di Florestano*, *Grotta del Caviglione* und zu der *Barma Grande*.

Fundgrube steinzeitlicher Menschheitsgeschichte: Grotten der Balzi Rossi

Italienische Riviera aktuell A bis Z

Vor Reiseantritt

ADAC Info-Service:
Tel. 0800/5101112 (gebührenfrei)

Unter dieser Telefonnummer oder bei den ADAC Geschäftsstellen können ADAC Mitglieder umfangreiches und kostenloses Informations- und Kartenmaterial anfordern.

ADAC im Internet:
www.adac.de
www.adac.de/reisefuehrer

Italienische Riviera im Internet:
www.turismoinliguria.it
www.inforiviera.it

ENIT – Ente Nazionale Italiano per il Turismo (Staatliches Italienisches Fremdenverkehrsamt):
www.enit.de
www.enit.at
www.enit.it

Deutschland
Barckhausstr. 10,
60325 Frankfurt/Main,
Tel. 069/237434,
frankfurt@enit.it

Österreich
Mariahilfer Str. 1,
1060 Wien,
Tel. 01/5051630 12,
vienna@enit.it

Schweiz
Uraniastr. 32,
8001 Zürich,
Tel. 04/4664040,
zurich@enit.ch

Prospekte können bei der ENIT telefonisch bestellt werden, sie stehen aber auch im Internet als Downloads zur Verfügung.

Allgemeine Informationen

Reisedokumente

Erforderlich ist ein *Reisepass* oder *Personalausweis*, für Kinder ein *Kinderausweis* oder *Reisepass*.

Kfz-Papiere

Führerschein und Zulassungsbescheinigung Teil 1 (vormals Fahrzeugschein) sind mitzuführen. Die Mitnahme der Internationalen Grünen Versicherungskarte wird empfohlen.

Krankenversicherung

Heutzutage ist die *Europäische Krankenversicherungskarte* in die übliche Versicherungskarte integriert. Sie wird in ganz EU-Europa anerkannt und garantiert die medizinische Versorgung. Sicherheitshalber empfiehlt sich jedoch der Abschluss einer zusätzlichen *Reisekranken- und Rückholversicherung*.

Hund und Katze

Für Hunde und Katzen ist bei Reisen innerhalb der EU ein gültiger, vom Tierarzt ausgestellter *EU Heimtierausweis* mit Tollwutimpfung vorgeschrieben, ebenso Kennzeichnung durch Mikrochip oder Tätowierung.

Zollbestimmungen

Reisebedarf für den persönlichen Gebrauch obliegt *innerhalb der EU* keinen Beschränkungen und darf abgabenfrei eingeführt werden. Richtmengen für den Privatreisenden: 800 Zigaretten, 400 Zigarillos, 200 Zigarren, 1 kg Tabak, 10 l Spirituosen, 20 l Zwischenerzeugnisse, 90 l Wein (davon max. 60 l Schaumwein), 110 l Bier.

Bei Reisen durch die *Schweiz* gibt es nach wie vor Höchstgrenzen: 200 Zigaretten, 100 Zigarren, 1 l Spirituosen über 22 % oder 2 l Wein, 50 ml Parfüm, 250 ml Eau de Toilette, 500 g Kaffee und 100 g Tee.

Geld

Kreditkarten werden in Banken, fast allen Hotels und Geschäften akzeptiert. An vielen *EC-/Maestro-Geldautomaten* kann man rund um die Uhr Geld abheben.

Tourismusämter im Land

Die Zweigstellen der *Tourismusämter* sind im Haupttext unter *Praktische Hin-*

weise aufgeführt. Sie halten Prospektmaterial, auch in deutscher Sprache, bereit. Die meisten Büros sind tgl. 9–12.30 und 15–19.30 Uhr geöffnet, in kleineren Orten nur von Mai bis Ende September.

Notrufnummern

Notruf: Tel. 112
(EU-weit, auch mobil: Polizei, Unfallrettung, Feuerwehr)

ACI-Pannenhilfe (Soccorso stradale):
Tel. 80 31 16 (rund um die Uhr, mehrsprachig). Man beachte die *gelben Notrufsäulen* an den Autobahnen (etwa alle 2 km).

ADAC Notrufstation Mailand:
Tel. 03 92 10 41 (rund um die Uhr, mehrsprachig)

ADAC Notrufzentrale München:
Tel. 00 49/89/22 22 22 (rund um die Uhr)

ADAC Ambulanzdienst München:
Tel. 00 49/89/76 76 76 (rund um die Uhr)

Österreichischer Automobil Motorrad und Touring Club

ÖAMTC Schutzbrief-Nothilfe:
Tel. 00 43/(0)120, www.oeamtc.at

Touring Club Schweiz

TCS Zentrale Hilfsstelle (Ausland):
Tel. 0041/(0)58 827 22 20, www.tcs.ch

Bei *Unfällen* mit Sachschäden ist es dringend erforderlich, Versicherung und Versicherungsnummer des Unfallgegners zu notieren. Bei Personenschaden muss die Polizei verständigt werden. Bei Autodiebstahl wende man sich an die nächste Polizeidienststelle (Auskünfte über die ACI-Pannenhilfe, Tel. 80 31 16).

Diplomatische Vertretungen

Deutsches Konsulat, Via Solferino 40, 20121 Mailand, Tel. 026 23 11 01, Mobil-Tel. 33 56 25 56 21, www.mailand.diplo.de

Deutsches Honorarkonsulat, Via Malta 2/1, 16121 Genova, Tel. 01 05 76 53 42

Österreichisches Honorarkonsulat, Via Assarotti 5, 16122 Genua, Tel. 01 08 39 39 83, www.aussenministerium.at

Schweizer Generalkonsulat, Lungobisagno Istria 29 L-R, 16141 Genova, Tel. 01 08 38 05 11, www.eda.admin.ch/milano

Besondere Verkehrsbestimmungen

Tempolimits (in km/h): Für Pkw, Motorräder und Wohnmobile bis 3,5 t gilt innerorts 50, außerorts 90, auf Schnellstraßen 110 (bei Regen 90) und auf Autobahnen 130 (bei Regen 110). Für Wohnmobile über 3,5 t gilt außerorts und auf Schnellstraßen 80, auf Autobahnen 100; Pkw mit Anhänger dürfen außerorts und auf Schnellstraßen max. 70, auf Autobahnen 80 fahren.

Die *Promillegrenze* liegt bei 0,5.

Motorrad- und Mopedfahrer müssen immer mit *Abblendlicht* fahren, Autofahrer nur außerorts. Das Nationalitätenkennzeichen bzw. EU-Kennzeichen am Fahrzeug sind Pflicht. Jede Person, die bei einer Panne oder einem Unfall auf offener Straße den Wagen verlässt, muss eine reflektierende *Warnweste* tragen. Sie muss griffbereit im Auto mitgeführt werden.

Jede *Ladung*, die nach hinten überragt (Surfbretter, Boote, Fahrradständer) muss mit einer 50 × 50 cm großen rot-weißroten reflektierenden Warntafel (ggf. mit Rückstrahlern) versehen sein. Keine Ladung darf über die Vorderkante des Fahrzeugs hinausragen.

Öffentliche *Parkplätze* sind durch weiße oder blaue Markierungen gekennzeichnet. Die ›blauen‹ Parkplätze sind gebührenpflichtig.

Strom

Die *Netzspannung* beträgt 125 oder 220 V. Deutsche Stecker passen nicht in alle Steckdosen. Es empfiehlt sich die Mitnahme eines Zwischensteckers, der z. B. in ADAC Geschäftsstellen erhältlich ist.

Anreise

Auto

Ein Hinweis vorab: Die Küstenstraßen der Riviera sind in der Saison (Mai bis Sept.) stark frequentiert. Die Bahn bildet hier eine entspannende Alternative. Wer hingegen auch das Hinterland erkunden möchte und Spaß an engen Bergstraßen hat, wird das ganze Jahr über (im Winter Schneeketten nicht vergessen!) in Ligurien automobilistisch auf seine Kosten kommen.

Die Autobahnen in Österreich und der Schweiz sind *mautpflichtig*. Vignetten sind bei den ADAC Geschäftsstellen, an grenznahen Rastplätzen und Tankstellen erhältlich. Für die *Alpenüberquerung* bieten sich verschiedene Pässe an. Am einfachsten ist es, über den **Brenner**, Brescia und Cremona nach Genua (bzw. Verona und Parma nach La Spezia) zu fahren. Reizvoller und kürzer ist der Transfer durch die Schweiz. Zügig geht es über **San Bernardino** und Lugano. Die Engadin-Route via St. Moritz und **Maloja-Pass** darf auch ohne Autobahnvignette befahren werden. Kostensenkend ist ein Tankstopp in der Schweizer *Freihandelszone Samnaun* an der österreichischen Grenze. Vom Comer See führt dann die Autobahn über Mailand nach Genua.

Die *Autobahngebühren* in Italien richten sich nach zurückgelegter Strecke und Fahrzeugklasse. Bezahlt wird bei der Autobahnabfahrt in Euro oder per Kreditkarte. Besitzer der *Viacard* (beim ADAC, in Italien an den Autobahnstationen) werden an vielen Mautstellen auf eigenen Spuren bargeldlos schneller abgefertigt.

Alle *Autobahn-Tankstellen* sind durchgehend geöffnet, die übrigen Tankstellen meist Mo–Fr 7–12.30 und 15.30–19.30 Uhr, am Wochenende im Schichtdienst. Auf Hauptstrecken gibt es SB-Tanksäulen, die Geldscheine zu 5 €, 10 € und 20 € sowie Kreditkarten annehmen.

Bahn und Autoreisezug

Die reizvollsten Eisenbahnrouten führen über die Schweiz (Gotthard-Linie) nach *Mailand*. Von dort gibt es tagsüber stündliche Verbindungen nach Genua. Bei der *Brennerlinie* kann man Kurswagen bis Mailand wählen oder bereits in *Verona* umsteigen.

Fahrplanauskunft

Deutschland

Deutsche Bahn, Tel. 01 80/699 66 33 (sprachgesteuert), www.bahn.de

Citynightline, Tel. 01 80/699 66 33 www.citynightline.de

Österreich

Österreichische Bundesbahn, Tel. 05 17 17, www.oebb.at

Schweiz

Schweizerische Bundesbahnen, Tel. 09 00 30 03 00, www.sbb.ch

Italien

Ferrovie dello Stato, Piazza della Croce Rossa 1, Rom, Tel. 89 20 21, www.trenitalia.com

Bus

Von mehreren deutschen Großstädten fahren Busse nach Genua.

Deutsche Touring, Am Römerhof 17, 60486 Frankfurt/Main, Tel. 069/790 35 01, www.eurolines.de

Flugzeug

Der **Aeroporto di Genova Cristoforo Colombo** (Tel. 01 06 01 51, www.airport.genova.it) in Genua-Cornigliano wird täglich mit Linienflügen von Frankfurt, München und Hamburg bedient.

Ein weiterer Flughafen – allerdings nur für Charterflüge – ist der **Aeroporto Internazionale Clemente Panero Villanova d'Albenga** (Tel. 01 82 58 20 33, www.rivierairport.it).

Bank, Post, Telefon

Bank

Banken sind in der Regel Mo–Fr 8.30–13.30 Uhr geöffnet, manche Geldinstitute öffnen auch eine zusätzliche Stunde am Nachmittag.

Post

In fast jedem Ort gibt es ein Postamt. Die Öffnungszeiten sind in der Regel Mo–Fr 8.30–14 und Sa 8.30–13 Uhr. Briefmarken (Francobolli) gibt es auch in Tabakläden (Tabacchi), zu erkennen am Monopolzeichen ›T‹ über der Tür, oder in Souvenirshops.

Telefon

Internationale Vorwahlen

Italien 00 39
Deutschland 00 49
Österreich 00 43
Schweiz 00 41

In Italien ist die Ortsnetzkennzahl fester Bestandteil der Telefonnummern und muss **immer** (inkl. der 0) mitgewählt werden. Dagegen fällt bei Handy-Nummern die 0 weg.

Die Benutzung handelsüblicher *Mobiltelefone* ist in ganz Italien möglich. Man sollte sich vor Reiseantritt über das günstigste Netz informieren und das Handy entsprechend programmieren.

Die meisten Telefonzellen lassen sich mit Münzen bedienen. Vereinzelt benötigt man noch Telefonkarten (*scheda telefonica*), die in Tabakläden, Kiosken und Bars erhältlich sind.

Einkaufen

Öffnungszeiten: Mo–Sa 8.30 (9)–12.30 (13) Uhr und von 15.30 (16)–19.30 (20) Uhr. Geschäfte in Urlaubsorten können durchgehend, oft auch bis spätabends geöffnet sein. So manche Geschäfte haben Montag vormittags geschlossen.

Das ideale ligurische Mitbringsel ist **Olivenöl**, das in formschönen Halbliterflaschen angeboten wird. Auch ein Glas mit **Pesto** oder **Walnusssauce** einschließlich der frisch gemachten **Pasta** ist ein stilechtes ligurisches Geschenk. Daneben bietet sich Traditionshandwerk an: **Spitzen** aus Rapallo, **Samt** aus Zoagli, **Campanino-Stühle** mit geflochtener Sitzfläche aus Chiavari, **Olivenholzschnitzereien** aus Imperia, **Keramik** aus Albisola oder Filigranschmuck aus Campo Ligure.

Kühnere Kaufentscheidungen ligurischer Qualitätsprodukte sind ein *OLMO*-Rennrad aus Celle Ligure, Maßschuhe aus Pieve di Teco oder eine komplette Einbauküche im Schieferdesign [s. S. 53]. Meisterwerke *Junger Wilder* lassen sich in Bussana Vecchia aufstöbern. Wer es traditioneller mag, kann in der Via Garibaldi in Genua das Preisniveau für **Barockgemälde** und ligurische **Empiremöbel** testen. *Alta Moda* und *Mailänder Avantgarde* ist in den Boutiquen der Badeorte angesagt.

Essen und Trinken

Einst galten die Genuesen als knausrigste Gastgeber Italiens und die ligurische Küche als arm und sparsam. Doch die Zeiten ändern sich, und heute kann es die ligurische Kochkunst an raffinierter Einfachheit durchaus mit der gepriesenen toskanischen aufnehmen. Und so viele authentische Osterien mit 100-jähriger Familientradition oder knorrig-herzliche Dorftrattorien muss man auch in Italien erst einmal finden!

Solide Basis des ligurischen Kochwunders ist zum einen das **Olivenöl**, das mit dem umbrischen und dem lucchesischen um den Vorrang in Italien streitet, zum anderen eine alte **Nudelmachertradition**. So gehören z. B. die mit Wildkräutern und *Ricotta*-Quark gefüllten ligurischen *Pansoti*, die mit Walnusssauce *(Salsa di noci)* serviert werden, zu den absoluten Glanzlichtern der italienischen Pastaküche. Legendär ist natürlich auch der frisch im Mörser gestampfte *Pesto* aus Basilikum, Parmesan, Pinienkernen und Olivenöl, der traditionell mit *Trenette*-Makkaroni oder den kleinen *Troffie*-(Kartoffelteig-)Nudeln gegessen wird. Wie erlesen *Ravioli* gefüllt sein können, kann man erst in Ligurien ermessen. Schließlich wurden sie in Fascia, dem höchstgelegenen Dorf der Region (nördlich von Genua) erfunden.

Feiertage

1. Januar (*Capodanno*, Neujahr), 6. Januar (*Epifania*, Heilige Drei Könige), Ostersonntag (*Pasqua*) und Ostermontag (*Pasquetta*), 25. April (*Liberazione*, Fest der Befreiung von Faschismus und deutscher Besatzung 1945), 1. Mai (*Festa del Lavoro*, Tag der Arbeit), 2. Juni (*Festa della Repubblica*, Nationalfeiertag), 15. August (*Ferragosto*, Mariä Himmelfahrt), 1. November (*Ognissanti*, Allerheiligen), 8. Dezember (*Immacolata Concezione*, Mariä Empfängnis), 25./26. Dezember (*Natale*, Weihnachten).

Festivals und Events

Ligurische Feste sind – mit wenigen Ausnahmen – noch echte *Volksfeiern*. Die kirchliche Kultur der *Heiligen-* und *Patronatsfeste* wetteifert hierbei mit der *Sagra*, die meist einem landwirtschaftlichen Produkt gewidmet ist. Gerade im Hinterland wird man auch als Fremder bei den Festen mit Musik und Tanz freudig aufgenommen. Auf die meisten Feste wird durch Plakatanschlag hingewiesen.

Januar

Dolceacqua (So nach dem 20. Jan.): Bei der *Sebastiansprozession* wird ein mit bunten Hostien behängter Olivenbaum getragen. Anschließend wird geheiligtes Brot verteilt.

Februar

San Remo: Medienrummel gibt es beim 1951 initiierten *Festival della Canzone Italiana* (www.sanremo.net). Die Prominenz der Schlagersternchen und Promoter sorgt für telegene Weltläufigkeit.

März und April

Ligurien: Unter den überall stattfindenden *Karfreitagsprozessionen* ist die von *Savona* besonders prächtig.

Mai

Baiardo: Die *Festa della Barca* erinnert an die Erdbebenkatastrophe 1887. Dabei wird

Raffinierte Einfachheit – die ligurische Küche

Cucina povera – was nicht nur Dockarbeitern und Holzfällern schmeckt

Ein typisches **Genueser Volksgericht** ist Lattuga ripiena, mit Fleischfarce gefüllter Kochsalat in Fleischbrühe. Regelrecht zelebriert wird die Zubereitung der **Cima alla genovese**, einer Kalbsbrust, für deren Füllung jede Familie ein anderes Rezept hat: Bries, Erbsen und Eidotter bilden jedenfalls die Grundlage. In den Bergen gibt es überall vorzügliches Schmorkaninchen (Coniglio), meist in Wein und schwarzen Oliven. Urig, aber selten ist Capra con fagioli, ein Hirteneintopf aus weißen Bohnen und Ziegenfleisch. **Steinpilze** (Funghi porcini) gibt es hingegen genug, um sich einmal ordentlich daran satt zu essen. Simple Gerichte wie Schnecken in Steinpilzsauce können selbst eingefleischte Italienkenner überraschen. Und auch Salami und Rohschinken kommt im ligurischen Hochland praktisch immer aus lokaler Produktion. Ein fester Bestandteil der manchmal etwas üppigen ligurischen Mahlzeiten sind schließlich die vorzüglichen **Gemüsetorten**, die für gewöhnlich als Antipasti vor den Nudeln gereicht werden. Natürlich gibt es auch Süßes: Ein Traditionsgebäck ist z. B. der Castagnaccio, eine Kastanienmehltorte.

Glasaale und Meeresdatteln – der Reichtum des Meeres

Die ligurische Küste und Küche bietet den ganzen Reichtum des Mittelmeeres. Als Vorspeise empfehlen sich etwa gefüllte Muscoli (Miesmuscheln) oder marinierter roher Schwertfisch, gefolgt von Spaghetti mit schwarzem Tintenfischsugo oder mit den seltenen und teuren Meeresdatteln (Datteri di mare). Der Hauptgang lässt sich stilecht mit gebackenen Totani oder Glasaalplätzchen (Fritelle di bianchetti) gestalten. Alternativ kann man sich an den aufwendigen **Fischsuppen** wie Ciuppin oder der Seeteufelsuppe Buddego delektieren – Gerichte, bei denen Südfrankreich und die Riviera kulinarisch verschmelzen. Selbstredend kostet ein solches **Meeresmenü** deutlich mehr als Fleisch, vor allem, wenn der Fisch fangfrisch ist. Als günstigere Variante bietet sich **Stockfisch** (Stoccafisso, Buridda) an. Eine Fischpastete von barocker Opulenz und schriller Farbenpracht ist hingegen der legendäre Cappon magro (›Magerer Kapaun‹), ein aufgeschichteter Pudding aus gestampftem Fisch, Meeresfrüchten, Gemüsewürfeln (rote Rüben!) und Eiern, der mit grüner Sauce übergossen und zuweilen mit einer Languste drapiert wird.

Ligurische Farinata oder deutsche Pizza?

Wem ein üppiges italienisches Essen zu viel ist, muss nicht gleich auf die Alternative namens Pizza umsteigen – obwohl die knorrigen Bergpizzerien mit Holzlager im Gastraum aus dem Neapel- und Deutschlandimport Pizza das beste gemacht haben. Nein, die wahre ligurische Volksspeisung ist die **Farinata**, Kichererbsenfladen vom Blech – ligurische Puffer. Wie zu Großvaters Zeiten stehen die Einheimischen Schlange, wenn die dampfende Köstlichkeit gegen 16 oder 17 Uhr aus dem Backofen gezogen wird. Daneben gibt es eine Vielzahl lokaler pizzaartiger Traditionsgebäcke, etwa die mit Tomaten, Sardinen, Basilikum, schwarzen Oliven und gekochten Zwiebeln belegte Sardenaira (San Remo), die Piscialandrea oder Pizzalandrea (Imperia-Oneglia).

Weine und Weingüter – ideal für Genießer

Ligurien hat als Weinbauregion bislang international keine größere Bekanntheit erlangt. Dafür bekommt man hier noch oft echten Bauernwein und fast jede solide Landgaststätte hat ihren selbst gekelterten **Nostralino** anzubieten. Gern wird dieser noch jung und moussierend getrunken. Daneben gibt es eine ganze Menge Prädikatsweine, die das DOC-Siegel (Denominazione di Origine Controllata) tragen. Der bekannteste ist wohl der weiße, hoch geschätzte **Cinque Terre**, der in schlanken Flaschen abgefüllt wird und durch besonders feinen, blumig duftenden Geschmack besticht. Er wird wie in alten Zeiten in mühsamer Handarbeit auf

den Mergelterrassen der ›Fünf Dörfer‹ gezogen. Es gibt ihn auch in den Cru-Reservelagen Costa de Campu, Costa da Posa und Costa de Sèra.

Sehr teuer kommt wegen der geringen und aufwendigen Produktion der **Sciacchetrà**. Dieser süße Dessertwein (Passito) der Cinque Terre mit zarter Säure erinnert im Geschmack an den toskanischen Vino Santo.

Geschätzte ligurische Weißweine sind der Vermentino und der Pigato. Der weit verbreitete **Vermentino** wird praktisch in der gesamten Ponente und im Bergland von Luni angebaut; Weinkoster schätzen aber Lagen im Hinterland von San Remo am höchsten. Er soll von einer spanisch-südfranzösischen Malvasiertraube herrühren, die um 1300 nach Ligurien eingeführt wurde. Der sattgelbe, nach ›Blumen, Kräutern, Früchten und Harz‹ duftende, oft moussierend getrunkene Wein passt gut zu Austern und Fischgerichten. Als exquisiter gilt der **Pigato**, der im Hinterland von Albenga zu Hause ist. Der strohgelbe, manchmal grünlich schillernde Wein schmeckt leicht nach Pfirsich, Honig, Salbei und Moos. Klassischerweise wird er mit Steinpilzgerichten ›vermählt‹. Viele Ligurer machen gern mal einen kleinen Abstecher über die piemontesische Grenze und ordern den auch ›piemontesischen Chablis‹ genannten **Gavi di Gavi**. Noch stärker ist die Dominanz piemontesischer Rotweine, besonders **Dolcetto di Ovada**. An der Ponente kann man allerdings auf den berühmten einheimischen **Rossese di Dolceacqua** zurückgreifen, der 1972 als erster ligurischer Wein das DOC-Prädikat erhielt. Napoleons Lieblingswein, dessen Rebe angeblich einst von Doria-Truppen aus Frankreich geraubt wurde, schwankt zugegebenermaßen stark in der Güte. Die Superiore-Qualität entfaltet nach 3–8 Jahren ihre volle Reife. Als Rotwein wäre auch noch der **Ormeasco** aufzuführen, eine ligurische Dolcetto-Variante, die bei Pornassio an der Grenze zum piemontesischen Rotweingebiet reift. Schließlich kann man auch mit ligurischem ›Champagner‹ anstoßen, der im Hinterland von Savona aus der weißen **Lumassina**-Traube gekeltert wird.

Die in ganz Italien florierende Grappa-Industrie steckt in Ligurien eher noch in den Kinderschuhen. Allerdings wird einer der besten Magenbitter Italiens in Genua destilliert: der Amaro Santa Maria Al Monte.

Drei Weingüter mit Direktverkauf:

A Maccia, Ranzo (Albenga), Via Umberto I 56, Tel. 01 83 31 80 03, www.amaccia.it. Loredana Faraldi produziert jährlich 8000 Flaschen biologisch angebauten Pigato. Wein- und Öllehrpfad. Ferienwohnungen.

Possa, Riomaggiore, Via S. Antonio 72, Mob. 34 83 16 24 70, www.possa.it. Jungwinzer Heydi-Bonanni setzt auf handgepflückte Cinque-Terre-Trauben.

Tenuta Anfasso, Soldano, Corso Verbone 175, Tel. 01 84 28 99 06, www.tenuta anfosso.it. Rossese di Dolceaqua aus alten Reben.

die traurige Legende der Grafentochter, die ihre Liebe zu einem Seemann nicht aufgeben wollte und deswegen von ihrem Vater geköpft wurde, in ligurischem Dialekt aufgeführt.

Camogli (2. So): Zur *Sagra del Pesce* wird die größte Fischpfanne der Welt kredenzt.

Juli

Nervi (Anfang Juli): Das *Festival Internazionale del Balletto* genießt hohen internationalen Rang.

Rapallo (1.–3. Juli): Prozession und Feuerwerk zu Ehren *Unserer Lieben Frau von Montallegro*, der 612 m hoch gelegenen Wallfahrtskirche.

Savona (6.–17. Juli): 10 Tage feiert der partito democratico mit Tanz, Lesungen, Theater und gastronomischen Ständen die *Festa Democratica*.

Taggia (22. Juli oder So darauf): Bei der *Festa della Maddalena* wird der *Totentanz* mit ausgelassen heidnischer Feststimmung verwoben.

Cervo (Juli/August): Auf über 30 Jahre Tradition blickt das *Festival Internazionale di Musica da Camera* (http://www.cervo.com/festival.php) zurück, zu dem stets Spitzenleistungen geboten werden.

August

Alassio: Die *Beach Queen* der Saison wird zur *Miss Muretto* gewählt.

Lavagna (13./14. August): Die gigantische *Torta dei Fieschi* wird angeschnitten und vom Festpublikum verspeist.

September

Noli (2. So): Im Rahmen der *Regata dei Rioni* kämpfen die besten Ruderer der vier Stadtteile in historischer Tracht um einen Rudercup.

Millesimo: Bei der *Festa Nationale del tartufo* (letztes Wochenende) werden die Trüffel der Valbormida verkostet.

Oktober

Genua (Anfang Oktober): Ein Event ist der altehrwürdige *Salone Nautico Internazionale* (www.genuaboatshow.com), bei dem 2500 Schiffe zu bewundern sind.

Sarzana: Turniere, Bankette und Bänkelsänger verwandeln die Fortezza Firmafede in ein Mittelalterdorf. (1. Wochenende), www.sarzanasenzatempo.com

Dezember

Savona, **Pietra Ligure etc.**: Am Heiligabend verfeuert der Bürgermeister im Rahmen der *Confögu*-Zeremonie auf dem Marktplatz einen Lorbeerstamm, aus dessen Asche die Zukunft gelesen wird.

Klima und Reisezeit

An der Riviera ist eigentlich immer Saison. Ein nostalgisches Phänomen, das sich vor allem an der *Ponente* (San Remo, Bordighera), aber auch in *Rapallo* gehalten hat, ist der *Wintertourismus*. Zu dieser Zeit trifft man zumeist auf älteres italienisches Publikum. Verlockend sind Durchschnittstemperaturen von 10 °C selbst im **Januar**. Eher still ist es an der Riviera in den Wochen vor **Ostern** und im **November**, allerdings sind dies auch meist die regenreichsten Tage des Jahres. Die besten und beliebtesten Reisezeiten sind zwischen Ostern und **Pfingsten** sowie im frühherbstlichen **Oktober**. Wer im **Sommer** mit seinen 300 monatlichen Sonnenstunden (Juli) reist, sollte volle, lebendige Badeorte lieben, das Unterhaltungsangebot genießen und gegen Stau und Rummel weitgehend immun sein.

Klimadaten Genua

Monat	Luft (°C) min./max.	Wasser (°C)	Sonnen-std./Tag	Regen-tage
Januar	6/10	13	4	6
Februar	6/12	12	4	7
März	9/14	13	5	7
April	12/18	14	6	7
Mai	15/21	16	7	8
Juni	19/25	20	8	5
Juli	22/27	23	10	3
August	22/28	23	9	4
September	19/25	21	7	6
Oktober	15/20	19	6	9
November	11/15	16	4	10
Dezember	7/12	14	4	8

Kultur live

Neben dem *Opernhaus Carlo Felice* (Kasse Di–Fr 11–18, Sa 11–16, So 13.30–16/18–21 Uhr, Tel. 010 58 93 29, www.carlofelice.it), dem Stolz **Genuas**, gibt es eine Fülle anderer regelmäßig bespielter Schauspielhäuser wie das *Teatro Chiabrera* in **Savona**.

Nachtleben

Ligurien gehört zu den partyfreudigsten Regionen Italiens. Gerade in *Genua* findet man zahlreiche Bars und Clubs, die bis nachts geöffnet haben. Außerdem gibt es vielerorts aufregende Diskotheken. In den *Badeorten* bleibt das Nachtleben meist auf die Sommersaison beschränkt. Im *Casinò* von *San Remo* (www.casino-sanremo.it) finden auch Kulturevents wie Lesungen, Bälle und Konzerte statt. Aktuelle Kultur- und Ausgeh-Infos zu Ligurien: www.mentelocale.it

Sport

Baden

Großteils kleinere und ruhigere, von steiler Bergkulisse gerahmte Buchten kennzeichnen weite Teile der Italienischen Riviera Breitere Sandstrände findet man zwischen San Remo und Albenga.

Golf

Ligurien blickt wegen seines milden Klimas auf eine lange Tradition des Golfsports zurück. Herrliche Terrains mit Meerblick und Alpenkulisse bieten die Blumenriviera sowie der Golf von Genua.

Federazione Italiana Golf, Viale Tiziano 74, Rom, Tel. 06 323 18 25, www.federgolf.it

Reiten

Reitschulen und Reiterhöfe bieten Kurse und Ausritte vor allem entlang der Riviera di Ponente an, aber auch im Hinterland, etwa in Dolcedo.

Federazione Italiana Turismo Equestre TREC-ANTE, Largo Lauro de Bosis 15, 00196 Roma, Tel. 06 32 65 02 30, www.fitetrec-ante.it

Rad fahren

Viele Einheimische sind passionierte Rennradfahrer. Das ligurische Hinterland eignet sich besonders für Mountainbiking mit zahlreichen Pfaden, die durch beeindruckende Landschaften führen.

Allgemeiner Deutscher Fahrrad-Club (ADFC), Grünenstr. 120, 28199 Bremen, Tel. 04 21/34 62 90, www.adfc.de

Federazione Ciclistica Italiana, Stadio Olimpico, Curva Nord, 00196 Roma, Tel. 06 36 85 78 13, www.federciclismo.it

Segeln

Mit rund 22 500 Bootsliegeplätzen bietet Ligurien eine Italien-weit unschlagbare Kapazität für Segelfreunde. Die Bandbreite des Angebots reicht von Marinas für Luxusjachten etwa in Portofino bis hin zu den kleinen Häfen der Cinque Terre.

ADAC Sportschifffahrt, Tel. 089/767 60, www.adac.de/reise_freizeit/wassersport

Federazione Italiana Vela, Corte Lambruschini, Piazza Borgo Pila 40 Torre A, Genua, Tel. 010 54 45 41, www.federvela.it

Surfen

In den meisten Küstenorten Liguriens gibt es Surfschulen, die Kurse in Kite- und Windsurfen oder Wellenreiten anbieten und entsprechende Ausrüstung verleihen. Infos erhält man bei den Tourismusämtern vor Ort (siehe *Praktische Hinweise*).

Tauchen

Imposante Wracks und farbenprächtige Korallengärten sorgen zwischen San Remo und La Spezia für spannende Taucherlebnisse.

Liguria Diving, Friedrich-Ebert-Str. 16-18, 85521 Ottobrunn, Tel. 089/60 87 07 07, www.liguriadiving.com

Wandern

Längst ist die italienische Riviera mit ihren spektakulären Wanderlandschaften kein Geheimtipp mehr. Meistbesucht ist die atemberaubende Steilküste der **Cinque Terre** [s. S. 56], nicht minder eindrucksvoll ist der 400 km lange Höhenwanderweg **Via Alta** [s. S. 52], der Ligurien auf dem Kamm des Apennin durchquert. In Küstennähe gut erschlossen ist auch der Monte Portofino, in alpine Regionen führt dagegen der anspruchsvolle **Sentiere degli Alpini** [s. S. 120] im Hinterland von San Remo oder die Tour zum **Passo del Turchino** [s. S. 78] nördlich von Genua. Mit einer bizarren Erosionslandschaft lockt an der Grenze zu Piemont der **Parco Naturale Regionale di Piana Crixia** [s. S. 89].

Club Alpino Italiano (CAI), Galleria Mazzini 7/3, Genua, Tel. 010 59 21 05 22, www.cailiguregenova.it.

Statistik

Geografie: Ligurien ist mit einer Fläche von 5418 km² die drittkleinste Region Italiens; verwaltungsrechtlich ist es in die vier Provinzen Genua, Imperia, Savona und La Spezia eingeteilt. Mit ca. 1,6 Mio. Einwohnern ist Ligurien relativ dünn besiedelt, vor allem, wenn man die rund 580 000 abzieht, die in Genua wohnen, und berücksichtigt, dass fast 90 % der Ligurer an der Küste leben.

Wirtschaft: Ligurien ist eine der bergigsten Regionen Italiens, 69 % des Gebietes liegen über 1000 m Höhe, nur 1 % kann als Flachland bezeichnet werden. Landwirtschaft ist daher nur beschränkt möglich, doch wird hier das mildeste Olivenöl Italiens gewonnen. Fischfang, Bergbau (Schiefer und Marmor), Industrie, Blumenzucht und Tourismus bilden traditionelle wirtschaftliche Alternativen.

Natur: Während die Küste stark zersiedelt ist, bietet das Hinterland mit seinen zahlreichen konsequent geschützten Naturparks unberührte Landschaft. Die Flora reicht angesichts der unterschiedlichen Vegetationszonen von Zitronen und afrikanischen Palmen über Kastanienwälder bis zu den alpinen Moosen des höchsten ligurischen Berges, des Monte Saccarello (2200 m). Das Spektrum der Tierwelt reicht von ligurischen, bis zu 25 m langen Walen über Greifvögel bis zu Murmeltieren und Gämsen.

Unterkunft

Agriturismo

Die italienische Variante zum Urlaub auf dem Bauernhof erfreut sich großer Beliebtheit. Die Unterkünfte befinden sich in alten Dörfern, auf Landgütern oder sogar in herrschaftlichen Villen. Infos:

Agriturist Liguria, Via Tommaso Invrea 11, Genua, Tel. 01 05 53 18 78, www.agriturist.it

Turismo Verde, Via Mariano Fortuny 20, Roma, Tel. 063 24 01 11, www.turismoverde.it

Bed & Breakfast

Bed-&-Breakfast-Unterkünfte sind vor allem in den Städten eine gute Alternative zu den Hotels und bieten eine persönliche Atmosphäre.

Bed & Breakfast Italia, Corso Vittorio Emanuele II 282, Rom, Tel. 066 87 86 18, www.bbitalia.it

Camping

Eine Beschreibung geprüfter Campingplätze bietet der **ADAC Campingführer Südeuropa** (auch als App für iPhone, iPad und Android), der jährlich neu erscheint (www.adac.de/campingfuehrer).

Ferienhäuser und Ferienwohnungen

Das Angebot an Häusern und Wohnungen ist groß. Sie sind komplett eingerichtet, Bettwäsche und Handtücher sind selten mitzubringen.

Hotels

Die Gastbetriebe in Italien sind in fünf Kategorien unterteilt, die mit 1–5 Sternen gekennzeichnet sind. 3- oder 4-Sterne-Häuser, deren Standard zwischen zwei Kategorien liegen, tragen mitunter den Zusatz ›S‹ (Super). Hotels in den Badeorten sind oft nur während der Sommermonate geöffnet und während der italienischen Schulferien (Mitte Juni–Mitte Sept.) häufig ausgebucht.

Jugendherbergen

Ligurien besitzt 4 Jugendherbergen, eine davon in Genua.

Deutsches Jugendherbergswerk (DJH), Bismarckstr. 8, 32756 Detmold, Tel. 052 31/ 740 10, www.jugendherberge.de

Associazione Italiana Alberghi per la Gioventù (AIG), Via Cavour 44, Rom, Tel. 064 87 11 52, www.aighostels.it

Verkehrsmittel im Land

Bahn

Neben dem Auto wichtigstes Verkehrsmittel an der Küste ist die Bahn (Ferrovie dello Stato, s.S.129). Die im Stundentakt verkehrenden Züge stellen die Anbindung größerer Orte an Genua sicher. Weitere *Bahnlinien* durchqueren auf oft landschaftlich sehr reizvollen Trassen das Bergland Richtung Roia-Tal, Turin, Alessandria und Mailand.

Bus

Es besteht ein dichtes Busnetz, das auch die Bergorte des Hinterlandes einbindet. Fahrkarten *(Biglietti)* erhält man in Kiosken, Geschäften oder im Bus selbst.

Mietwagen

Mietwagen gibt es in den Städten und größeren Orten. Für ADAC Mitglieder bietet die **ADAC Autovermietung GmbH** günstige Bedingungen. Buchungen über die ADAC Geschäftsstellen oder unter Tel. 089/76 76 34 34.

Schiff

Im Sommer spielt an der ligurischen Küste der Schiffsverkehr eine große Rolle. Praktisch alle Küstenorte werden dann von lokalen Bootslinien angefahren.

Sprachführer

Italienisch für die Reise

Das Wichtigste in Kürze

Ja/Nein	*Sì/No*
Bitte/Danke	*Per favore/Grazie*
In Ordnung./ Einverstanden.	*Va bene./ D'accordo.*
Entschuldigung!	*Scusi!*
Wie bitte?	*Come dice?*
Ich verstehe Sie nicht.	*Non La capisco.*
Ich spreche nur wenig Italienisch.	*Parlo solo un po' d'italiano.*
Können Sie mir bitte helfen?	*Mi può aiutare, per favore?*
Das gefällt mir (nicht).	*(Non) Mi piace.*
Ich möchte …	*Vorrei …*
Haben Sie …?	*Ha …?*
Wie viel kostet …?/	*Quanto costa …?*
Kann ich mit Kreditkarte bezahlen?	*Posso pagare con la carta di credito?*
Wie viel Uhr ist es?	*Che ore sono?/ Che ora è?*
Guten Morgen!/ Guten Tag!	*Buon giorno!*
Guten Abend!	*Buona sera!*
Gute Nacht!	*Buona notte!*
Hallo!/Grüß dich!	*Ciao!*
Wie ist Ihr Name, bitte?	*Come si chiama, per favore?*
Mein Name ist …	*Mi chiamo …*
Ich bin Deutsche(r)	*Sono tedesco(-a)*
Wie geht es Ihnen?	*Come sta?*
Auf Wiedersehen!	*Arrivederci!*
Tschüs!	*Ciao!*
Bis bald!	*A presto!*
Bis morgen!	*A domani!*

Zahlen

0	*zero*	19	*diciannove*
1	*uno*	20	*venti*
2	*due*	21	*ventuno*
3	*tre*	22	*ventidue*
4	*quattro*	30	*trenta*
5	*cinque*	40	*quaranta*
6	*sei*	50	*cinquanta*
7	*sette*	60	*sessanta*
8	*otto*	70	*settanta*
9	*nove*	80	*ottanta*
10	*dieci*	90	*novanta*
11	*undici*	100	*cento*
12	*dodici*	200	*duecento*
13	*tredici*	1000	*mille*
14	*quattordici*	2000	*duemila*
15	*quindici*	10 000	*diecimila*
16	*sedici*	1 000 000	*un millione*
17	*diciassette*	1/2	*mezzo*
18	*diciotto*	1/4	*un quarto*

gestern/heute/ morgen	*ieri/oggi/ domani*
am Vormittag/ am Nachmittag	*la mattina/ al pomeriggio*
am Abend/in der Nacht	*la sera/la notte*
um 1 Uhr/um 2 Uhr …	*all' una/alle due …*
um Viertel vor (nach) …	*alle … meno un quarto (e un quarto)*
um … Uhr 30	*alle … e trenta*
Minute(n)/Stunde(n)	*minuto(-i)/ora (-e)*
Tag(e)/Woche(n)	*giorno(-i)/settimana(-e)*
Monat(e)/Jahr(e)	*mese(-i)/anno(-i)*

Wochentage

Montag	*lunedì*
Dienstag	*martedì*
Mittwoch	*mercoledì*
Donnerstag	*giovedì*
Freitag	*venerdì*
Samstag	*sabato*
Sonntag	*domenica*

Monate

Januar	*gennaio*
Februar	*febbraio*
März	*marzo*
April	*aprile*
Mai	*maggio*
Juni	*giugno*
Juli	*luglio*
August	*agosto*
September	*settembre*
Oktober	*ottobre*
November	*novembre*
Dezember	*dicembre*

Maße

Kilometer	*chilometro(-i)*
Meter	*metro(-i)*
Zentimeter	*centimetro(-i)*
Kilogramm	*chilo(-i)*
Pfund	*mezzo chilo*
100 Gramm	*etto(-i)*
Liter	*litro(-i)*

Unterwegs

Nord/Süd/West/Ost	*nord/sud/ovest/est*
oben/unten	*sopra/sotto*
geöffnet/geschlossen	*aperto/chiuso*
geradeaus/links/ rechts/zurück	*diritto/sinistra/ destra/indietro*

nah/weit	*vicino/lontano*
Wie weit ist …?	*A che distanza si trova …?*
Wo sind die Toiletten?	*Dove sono le toilette?*
Wo ist die (der) nächste …	*Dove si trova nelle vicinanze …*
Telefonzelle/	*una cabina telefonica/*
Bank/	*una banca/*
Geldautomat/	*un bancomat/*
Post/	*la posta/*
Polizei?	*la polizia?*
Bitte, wo ist …	*Scusi, dov'è …*
der Hauptbahnhof/	*la stazione centrale/*
der Busbahnhof/	*la stazione autolinee/*
der Flughafen?	*l'aeroporto?*
Wo finde ich …	*Dove si trova …*
eine Bäckerei/	*un panificio/*
ein Kaufhaus/	*un grande magazzino/*
ein Lebensmittelgeschäft/	*un negozio di alimentari/*
den Markt?	*il mercato?*
Ist das der Weg/ die Straße nach …?	*È questa la strada per ….?*
Ich möchte mit …	*Vorrei andare …*
dem Zug/	*col treno/*
dem Schiff/	*colla nave/*
der Fähre/	*col traghetto/*
dem Flugzeug	*col aereo*
nach … fahren.	*a …*
Gilt dieser Preis für Hin- und Rückfahrt?	*È la tariffa di andata e ritorno?*
Wie lange gilt das Ticket?	*Fino a quando è valido il biglietto?*
Wo ist das Fremdenverkehrsamt/	*Dov'è l'Ufficio per il turismo/*
ein Reisebüro?	*un'agenzia viaggi?*
Ich suche eine Hotelunterkunft.	*Cerco un albergo.*
Wo kann ich mein Gepäck lassen?	*Dove posso depositare i miei bagagli?*

Notfälle

Ich möchte eine Anzeige erstatten.	*Vorrei fare una denuncia.*
Man hat mir …	*Mi hanno rubato …*
Geld/	*i soldi/*
die Tasche/	*la borsa/*
die Papiere/	*i documenti/*
die Schlüssel/	*le chiavi/*
den Fotoapparat/	*la macchina fotografica/*
den Koffer/	*la valigia/*
das Fahrrad	*la bicicletta.*
gestohlen.	

Freizeit

Ich möchte ein …	*Vorrei noleggiare …*
Fahrrad/	*una bicicletta/*
Motorrad/	*un moto/*
Surfbrett/	*una tavola da surf/*
Mountainbike/	*un mountain bike/*
Boot mieten.	*una barca/*
Gibt es in der Nähe …	*Dove si trova nelle vicinanze …*
einen Freizeitpark/	*un parco di divertimento/*
ein Freibad/	*una piscina pubblica/*
einen Golfplatz/	*un campo di golf/*
eine Reitschule/	*una scuola di equitazione/*
einen Strand?	*una spiaggia?*
Wann hat … geöffnet?	*Quando è aperto (aperta) …?*

Bank, Post, Telefon

Brauchen Sie meinen Ausweis?	*Vuole vedere i miei documenti?*
Wo soll ich unterschreiben?	*Dove debbo firmare?*
Wie lautet die Vorwahl für …?	*Qual è il prefisso per …?*

Hinweise zur Aussprache

c, cc	vor ›e‹ und ›i‹ wie ›tsch‹, Bsp.: ao; sonst wie ›k‹, Bsp.: **co**me
ch, cch	wie ›k‹, Bsp.: **ch**e, **ch**ilo
g, gg	vor ›e‹ und ›i‹ wie ›dsch‹, Bsp.: **ge**nte; sonst wie ›g‹, Bsp.: **go**la
gli	wie ›**Lilie**‹, Bsp.: fi**gli**o
gn	wie ›Co**gn**ac‹, Bsp.: ba**gn**o
sc	vor ›e‹ und ›i‹ wie ›sch‹, Bsp.: **sci**opero; sonst wie ›sk‹, Bsp.: **sc**ala
sch	wie ›sk‹, Bsp.: I**sch**ia
sci	vor ›a,o,u‹ wie ›sch‹, Bsp.: la**sci**are
z	wie ›ds‹, Bsp.: **z**uppa

Ligurisch

Selbst bei sehr guten Italienisch-Kenntnissen muss man oft vor einer Unterhaltung im ligurischen Dialekt kapitulieren. Besonders erschwerend wirkt die ligurische Tendenz, Konsonanten auszustoßen. Umlaute wie ö oder ü hingegen sind dem Deutschen eher vertraut. Charakteristisch ist auch die Umwandlung von b zu g (i). Hier einige Beispiele:

ligurisch	italienisch	deutsch
Zena	Genova	Genua
Sana	Savona	
Aensén	Arenzano	
püu	puro	rein
fögu	fuoco	Feuer
giancü	bianco	weiß
u/ü	il	der
fugassin	focaccia	Ölfladen
oieu	olio	Öl

Wo gibt es …	*Dove trovo …*
Telefonkarten/	*le schede telefoniche/*
Briefmarken?	*i francobolli?*

Tankstelle

Wo ist die nächste Tankstelle?	*Dov'è la stazione di servizio più vicina?*
Ich möchte … Liter …	*Vorrei … litri …*
Benzin/Super/ Diesel.	*di benzina/super/ diesel.*
Volltanken, bitte.	*Faccia il pieno, per favore.*
Bitte prüfen Sie …	*Verifichi per favore …*
den Reifendruck/	*la pressione delle ruote/*
die Bremsen/	*i freni/*
das Getriebe/	*il cambio/*
den Ölstand/	*il livello dell'olio/*
den Wasserstand/	*il livello dell'acqua/*
das Wasser für die Scheibenwischanlage/	*l'acqua per il tergicristallo/*
die Batterie.	*la batteria.*
Würden Sie bitte …	*Per favore, mi può …*
den Ölwechsel vornehmen/	*cambiare l'olio/*
den Radwechsel vornehmen/	*cambiare la ruota/*
die Sicherung austauschen.	*sostituire il fusibile.*

Panne

Ich habe eine Panne.	*Ho un guasto.*
Der Motor startet nicht.	*La macchina non parte.*
Ich habe die Schlüssel im Wagen gelassen.	*Ho le chiavi in macchina.*
Ich habe kein Benzin/ Diesel mehr.	*Non ho più benzina/ diesel.*
Gibt es hier in der Nähe eine Werkstatt?	*C'è un'officina qui vicino?*
Können Sie mir einen Abschleppwagen schicken?	*Mi potrebbe mandare un carro attrezzi?*
Können Sie den Wagen reparieren?	*Può riparare la mia macchina?*
Bis wann?	*Quando sarà pronta?*

Mietwagen

Autovermietung	*Autonoleggio*
Ich möchte ein Auto mieten.	*Vorrei noleggiare una macchina.*
Was kostet die Miete …	*Quanto costa il noleggio …*
pro Tag/	*al giorno/*
pro Woche/	*alla settimana/*
mit unbegrenzter km-Zahl/	*senza limite chilometraggio/*
mit Kasko-versicherung/	*con assicurazione ›kasko‹/*
mit Kaution?	*con cauzione?*
Wo kann ich den Wagen zurückgeben?	*Dove posso restituire la macchina?*

Unfall

Hilfe!	*Aiuto!*
Achtung!/Vorsicht!	*Attenzione!*
Rufen Sie bitte schnell …	*Per favore, chiami subito …*
einen Krankenwagen/-	*un'ambulanza/*
die Polizei/	*la polizia/*
die Feuerwehr.	*i vigili del fuoco.*
Es war (nicht) meine Schuld.	*(Non) È stata colpa mia.*
Geben Sie mir bitte Ihren Namen und Ihre Adresse.	*Mi dia il suo nome ed indirizzo, per favore.*
Ich brauche die Angaben zu Ihrer Autoversicherung.	*Mi dia i particolari della sua assicurazione auto.*

Krankheit

Können Sie mir einen guten Deutsch sprechenden Arzt/ Zahnarzt empfehlen?	*Mi può consigliare un bravo medico/ dentista che parla il tedesco?*
Wann hat er Sprechstunde?	*Qual è l'orario delle visite?*
Wo ist die nächste Apotheke?	*Dove si trova la farmacia più vicina?*
Ich brauche ein Mittel gegen …	*Vorrei qualcosa contro …*
Durchfall/	*la diarrea/*
Halsschmerzen/	*mal di gola/*
Fieber/	*la febbre/*
Insektenstiche/	*le punture d'insetti/*
Kopfschmerzen	*mal di testa*
Verstopfung/	*la costipazione/*
Zahnschmerzen	*mal di denti.*

Hotel

Können Sie mir bitte ein Hotel/eine Pension empfehlen?	*Potrebbe consigliarmi un albergo/ una pensione, per favore?*
Ich habe bei Ihnen ein Zimmer reserviert.	*Ho prenotato una camera.*
Haben Sie ein Einzel-/ Doppelzimmer …	*Ha una camera singola/ doppia …*
mit Dusche/	*con doccia/*
mit Bad/WC/	*con bagno/toilette/*
für eine Nacht/	*per una notte/*
für eine Woche/	*per una settimana/*
mit Blick aufs Meer?	*con vista sul mare?*

Was kostet das Zimmer …	*Quanto costa una camera …*
mit Frühstück/	*con prima colazione/*
mit Halbpension/	*con mezza pensione/*
mit Vollpension?	*con pensione completa?*
Wie lange gibt es Frühstück?	*Fino a che ora viene servita la colazione?*
Ich möchte um … Uhr geweckt werden.	*Vorrei essere svegliato alle ore …*
Ich reise heute Abend/ morgen früh ab.	*Vorrei partire questa sera/ domani mattina.*
Haben Sie ein Fax/ Internetzugang einen Hotelsafe?	*Ha un fax/l'accesso alla rete/ una cassetta di sicurezza?*
Kann ich mit Kreditkarte zahlen?	*Posso pagare con la carta di credito?*

Restaurant

Ich suche ein gutes/günstiges Restaurant.	*Cerco un buon ristorante/ un ristorante non troppo caro.*
Die Speisekarte/ Getränkekarte, bitte.	*Vorrei la carta/ la lista delle bevande, per favore.*
Welches Gericht können Sie besonders empfehlen?	*Quale piatto mi può consigliare?*
Ich möchte das Tagesgericht/ das Menü (zu …).	*Vorrei il piatto del giorno/ il menù (da …).*
Ich möchte nur eine Kleinigkeit essen.	*Vorrei uno spuntino.*
Haben Sie …	*Ha dei …*
vegetarische Gerichte/	*piatti vegetariani/*
offenen Wein/	*vini della casa/*
alkoholfreie Getränke?	*analcolici?*
Kann ich bitte …	*Vorrei avere …*
ein Messer/	*un coltello/*
eine Gabel/	*una forchetta/*
einen Löffel haben?	*un cucchiaio.*
Die Rechnung bitte.	*Vorrei il conto, per favore!*

Essen und Trinken

Abendessen	*cena*
Apfel	*mela*
Artischocken	*carciofi*
Auberginen	*melanzane*
Bier	*birra*
Brot/Brötchen	*pane/panino*
Butter	*burro*
Desert	*dolce*
Ei (Eier)	*uovo (uova)*
Ente	*anitra*
Erdbeeren	*fragole*
Espresso (mit Milch)	*caffè (macchiato)*
Essig	*aceto*
Feigen	*fichi*
Fisch	*pesce*
Flasche	*bottiglia*
Fleisch	*carne*
Fruchtsaft	*succo di frutta*
Frühstück	*prima colazione*
Gebäck	*pasticcino*
gegrillt	*ai ferri/alla griglia*
Gemüse	*verdura*
Glas	*bicchiere*
Huhn	*pollo*
Kalbfleisch	*vitello*
Kalbshaxenscheibe	*ossobuco*
Kaninchen	*coniglio*
Kartoffeln	*patate*
Käse	*formaggio*
Knoblauch	*aglio*
Kotlett	*costoletta*
Krabben	*gamberetti*
Lamm	*agnello*
Languste	*aragosta*
Maisgericht	*polenta*
Meeresfrüchte	*frutti di mare*
Miesmuscheln	*cozze*
Milch mit einem Schuss Espresso	*latte macchiato*
Milchkaffee	*caffellatte*
Mineralwasser (mit/ ohne Kohlensäure)	*acqua minerale (con/senza gas)*
Mittagessen	*pranzo*
Obst	*frutta*
Öl	*olio*
Orange	*arancia*
Parmesankäse	*parmigiano*
Pfeffer	*pepe*
Pfirsich	*pesca*
Pilze	*funghi*
Rindfleisch	*carne di manzo*
Salat	*insalata*
Salz	*sale*
Schafskäse	*ricotta*
Schinken	*prosciutto*
Schweinefleisch	*maiale*
Spinat	*spinaci*
Steak	*bistecca*
Suppe	*minestra/zuppa*
Tee	*té*
Thunfisch	*tonno*
Tintenfische	*polpetti*
Tomaten	*pomodori*
Venusmuscheln	*vongole*
Vorspeisen	*antipasti*
Wein,	*vino*
Weiß-/	*bianco/*
Rot-/	*rosso/*
Rosé-Wein	*rosato*
Weintrauben	*uva*
Zucker	*zucchero*
Zwiebeln	*cipolle*

Register

Impressum

Herausgeber: TRAVEL HOUSE MEDIA GmbH, München
Programmleitung: Dr. Michael Kleinjohann
Redaktionsleitung: Jens van Rooij
Autor: Peter Peter
Redaktion: Intermag Publishing GmbH, München
Bildredaktion: Intermag Publishing
Satz: Intermag Publishing
Karten (Umschlag): ADAC e.V., München
Karten (Innenteil): Mohrbach Kreative Kartographie, München
Herstellung: Katrin Uplegger
Druck: Drukarnia Dimograf Sp z o.o. (Polen)

Ansprechpartner für den Anzeigenverkauf:
Kommunalverlag GmbH & Co KG,
MediaCenterMünchen, Tel. 089/92 80 96 44

ISBN 978-3-95689-980-5

Neu bearbeitete Auflage 2014

TRAVEL HOUSE MEDIA

Ein Unternehmen der
GANSKE VERLAGSGRUPPE

Bildnachweis

Titel: Jachthafen in Portofino an der Italienische Riviera. Foto: Look (Heinz Wohner)

Rücktitel: links: **Mauritius Images** (Cuboimages); rechts: **Mauritius Images** (imagebroker/Michael Weber)

Gottfried Aigner: 28, 36, 52, 97, 105 – **Akg-images:** 89 (De Agostini Pict. Li) – **Alimdi:** 4.2 (Wh.), 48 (Bahnmüller), 111 – **Andia:** 42 (Zintzmeyer/Alpaca) – **Agentur Anzenberger:** 116 (Toni Anzenberger) – **Bildagentur Huber:** 3.1 (Wh.), 3.3 (Wh.), 3.4 (Wh.), 4.1 (Wh.), 6/7, 38/39, 102/103 (Gräfenhain), 10/2, 43, 106 (Johanna Huber), 16/17 (Fantuz Olimpio), 27, 35 (Ripani Massimo), 79 (Erbetta Davide), 104 (Bernhart) – **Bildagentur-online:** 86, 86/87, 107 – **CAMeC – Centro Arte Moderna e Contemporanea:** 70 – **Ceramiche San Giorgio:** 82 (Archivio Fotografico Piero Poggi) – **Diz SZ-Photo:** 13 oben, 14 (3), 32, 42 – **dpa Picture Alliance:** 22 unten, 81 (Eid) – **F1 Online:** 68, 100 (Tips Images) – **Fondazione Teatro Carlo Felice:** 21 (Patrizia Lanna) – **Fotolia:** 2.4 (Wh.), 121 (Didier Ritzmann) – **IFA Bilderteam:** 33, 85 – **Images.de:** 30 (Still Pictures/Ray Roberts) – **Laif:** 2.3 (Wh.), 3.2, 15, 83, 88, 95, 115 (Hedda Eid), 37 oben, 46/47 (Zanettini), 10/3, 51 (Celentano), 74 (N.N.), 91, 94 (Standl), 10/1, 119, 124/125 (Kirchgessner) – **Rolf Legler:** 13 unten, 25 – **Look:** 2.1 (Wh.), 5 (Wh.), 18/19, 48/49, 66, 98, 112 (TerraVista), 108/109 (The Travel Library) – **Mauritius Images:** 4.3 (Wh.), 26 (Wh.), 31, 73, 77 oben, 78, 125 (Cubolimages), 100/101 (Alamy), 116/117 (Wh.) (imagebroker/Michael Weber) – **Peter Mertz:** 54/55, 55, 57, 69 – **Gino Russo:** 20, 22 oben, 34, 62, 63, 77 unten, 90 – **Schapowalow:** 8/9 (Massimo Ripani), 10/11 (Robert Harding), 11, 29, 37 unten, 75 (Atlantide), 12, 45, 64 (Sime), 80/81 (Wh.), 123 (Cora) – **Shutterstock:** 58/59 (leoks) – **Superbild:** 7 oben (Bernd Ducke), 40 (Haga) – **Ullstein Bild:** 8 (imagestate), 120 (Gerhard) – **Visum:** 40/41 (Gaby Wojciech), 61 (Peter Schickert), 114/115 (Alfred Buellesbach), 122/123 (Sintesi) – **Hanna Wagner:** 2.2 (Wh.), 23, 24, 53, 60/61, 65, 66/67, 70/71, 113 – **Ingo Wandmacher:** 9 oben, 9 Mitte, 92, 93 – **Ernst Wrba:** 7 Mitte, 99